悦动空间 健身训练

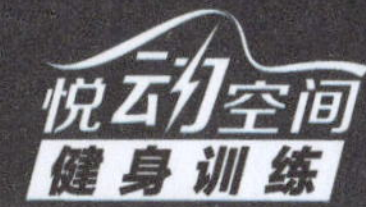

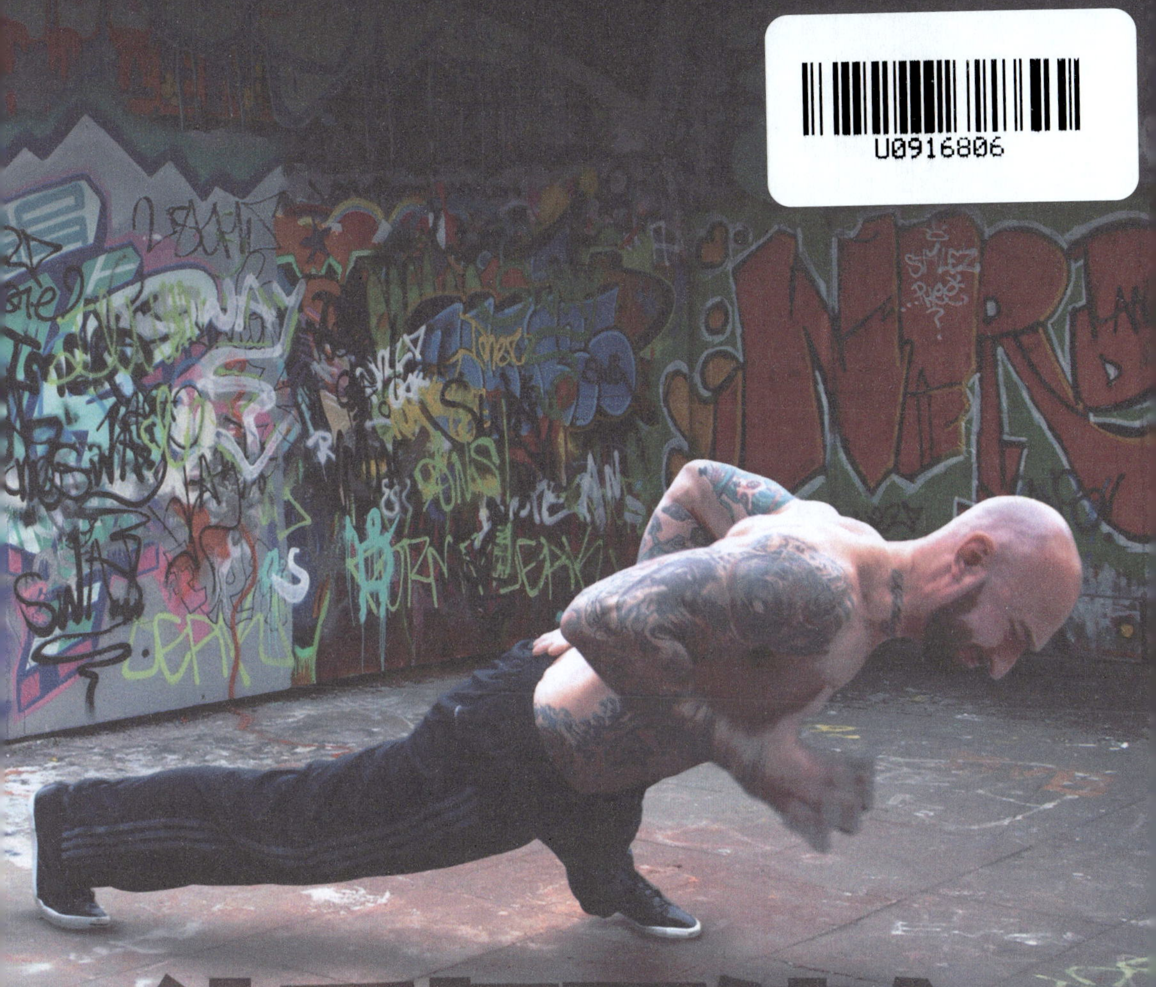

徒手极限健身

无器械力量训练100式

[美] 阿尔·卡尔瓦多（Al Kavadlo） 著 / 康国帅 译

人 民 邮 电 出 版 社
北 京

内容提要

还有什么比拥有一个能量充足、功能良好、全面健康的身体更能令人满意的呢？那就是让你的身体强劲有力！让自己的身体变得线条健美、肌肉匀称结实；个人充满自信，在人群中脱颖而出；并能够完成极具挑战的运动。

本书就是一本帮你打造健壮身躯、强大力量的自重式健身指南。全球著名的体能专家、健身教练阿尔·卡瓦尔多运用古老的无器械自重式健身方式来帮你打造强壮身躯。不用去健身房，不用任何健身器械，利用自身体重，运用俯卧撑、深蹲、倒立这三大动作体系，就完全能够打造傲人身形，将你的力量潜能激发出来！

本书适合所有对自己体型、力量不满意的人阅读，包括女性健身爱好者也同样能从书中获益。无论你处于什么水平，运用书中的训练方法，一定能打造出身材苗条、肌肉紧实、体态优美的傲人身躯！

目　录

序

我知道我不该这样，但是我确实有些嫉妒。我希望自己也能写出一本这样厉害的、有视觉冲击力的书。

大概一年前，我的好朋友德里克·布里格姆（他完成了本书令人惊叹的版面设计）给我发邮件，请我审核他正在做的项目，那是阿尔·卡尔瓦多的一本关于单杠的书。

我发现阿尔和我很像，我们都是东海岸人，身上布满纹身，热爱老式职业摔跤和自重训练。我马上对他产生了兴趣，那时我还不知道，阿尔就在我曾经住过的那条街对面的公园里做过大量训练，而我也曾在那里训练过几个月。

那是 2005 年的春天，之前的 10 年我都在新泽西州经营我的名为“叛逆者”的健身房。尽管纽约市离健身房只有半小时的车程，我却从未在那里停留超过一天时间，因为每天我要花 12 小时在健身房教课。就在 2005 年这一年我的事业出了一些状况，需要做些变动，这使得我有机会做自己一直想做地事——搬到纽约市。我卖掉了郊区的房子，然后搬到了纽约东村——确切地说是第 1 大道 1 号。

在找到一家健身房当教练之后，我面临着一个更大的挑战，那就是找一个地方进行自我训练。过去在“叛逆者”健身房我有最好的、最独特的设备，可以说我被惯坏了，普通健身房的那些器械根本不能满足我的需求，我得另寻别处。那时我并不知道所住公寓马路对面的汤普金斯公园日后会成为世人

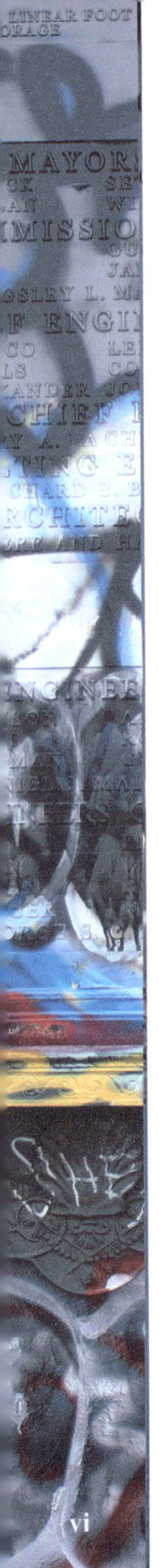

皆知的训练拍摄地，网络上能见到的很多自重训练大师们都在这里拍摄视频。

一天，在查看了一个又一个有植物的场地后，我决定在汤普金斯公园训练。自重训练一直是我训练项目中的保留项目，但不是核心内容。到了汤普金斯公园后我开始做些基础训练，如引体向上和双臂屈伸，公园内还有一些人在做同样的项目。做了 30 分钟后我打算回公寓，这时有 4 个人开始在单杠上热身。

这些家伙肌肉结实，线条分明，他们运动起来毫不费力，做的动作我之前也没有见过。我想拓展自己的训练内容，所以我就在旁边一边徘徊一边看。当他们令人兴奋的展示结束后，我确信我不需要再去健身房锻炼了。

自从 20 世纪 80 年代末我开始健身以来，我一直是阿诺和比尔・卡兹梅尔的粉丝。我的训练内容很大程度上受一些图书及电影故事主人公的影响，如约翰・麦卡勒姆、艾德・科恩、亚瑟・撒克逊和多利安・叶芝。这就是说，不断给杠铃加重、举起更重的东西是我训练项目中的主要内容。

以前在“叛逆者”健身房，我每周都会安排一些举大杠铃训练，其中还包括用哑铃进行大力士训练和自重训练。我一直很羡慕男体操运动员的体型，从他们的训练中也深受启发。这就是为什么我和学员们会做大量的双臂屈伸、引体向上、仰卧悬垂臂屈伸、俯卧直体起、俯卧撑和各种单腿深蹲，但我从来不会完全放弃杠铃训练。自重训练只是被视为一种辅助训练。我认为引体向上和双臂屈伸好比是蔬菜，而深蹲或仰卧推举好比是牛排。

这种认知在汤普金斯公园的那天发生了转变。

那时我正被多年的伤痛所困扰，打算休息一下；而且我刚搬到新的城市，看起来正是开启全新训练方式的好时候。我决定整个夏天都在公园训练，进行为期 12 周的基础训练，不碰任何重量器械，看看效果如何。每天我都穿过马路去和那些日后成为网络红人的家伙们一起训练。我逼着自己做得更好，去尝试新的训练方式，去变得更强壮，我热爱我在那里度过的每一分钟。

当秋天到来的时候，我在自重训练上有了神奇的进步，令人震惊的是，我可以跑得比以前更快，跳得比以前更高。我没有变得更壮，不过那是夏天，我没有为了变得更壮实而注意饮食。虽然我一直担心减重，但也没有。我的肌肉量丝毫未变，而我的体脂却明显减少了。

那时，我百分之百地相信只要进行自重训练，任何人都可以变得更强壮，变得肌肉发达。此外自重训练的好处是它并不会像进行传统的杠铃训练那样让你痛苦不堪。

我那些痴迷于加强深蹲与仰卧推举训练的伙伴们也知道我们用引体向上和俯卧撑来做衡量标尺。如果你的哑铃推举数量上去了，但是你的自重训练表现却下降了，这就意味着你没有真正地提高功能性力量，你只是增加了体能，提高了平衡能力。

你可以把自重训练当作督促你保持诚实的一种手段。

而这本书就是我开始自重训练时希望读到的。如果知道了阿尔训练的秘诀和他的多种进阶训练方案我就可以少浪费很多时间，避免产生沮丧的情绪以及受伤。阿尔在书中提出的三大基础运动和进阶训练方案够你操练很多年的。

我很赞同阿尔提出的一些说法，他认为提升自己的水平要循序渐进，同时阿尔还对结缔组织没有肌肉的适应能力强做出了解释。在这个追求速成的世界里，我们着重强调这些关键的忠告。为了避免受伤，能在未来长期训练，你必须要遵循他的建议，要在每一个阶段扎实训练，不要急着寻求超越。

人们经常会看到自重训练的表演，从而认为这很容易并且忽视了其锻炼的效力。如果你进行了阿尔推荐的最难的进阶训练，你就知道练起来并不是那么简单。即使是最强壮的举重运动员，他们在进行最大强度的自重训练时也会面临挑战。另一些时候，人们看到进阶的自重训练，便认为自己绝不可能做出这如马戏一般精彩的表演，其实这只是因为他们不知道要达到这样的水平需要采取什么样的正确步骤。

阿尔将会在这本书里向你介绍这些步骤，几个月之后你就能够做一些你以前连想都不敢想的动作了。相比现在，到时候你看起来、感觉上、做起来都要好很多。

进行大量的训练吧！

杰森·费鲁加

"Only those
who will risk
going too far
can possibly find out
how far one can go."

—T.S. Eliot

引 言
摔跤与健身

当我还是个孩子的时候，我特别喜欢职业摔跤，观看那些有英雄色彩的摔跤运动员将彼此打得落花流水令我十分兴奋。因此，我特别崇拜霍克·霍肯、“壮汉”兰迪·萨维奇、“完美先生”柯特·海宁。即使后来我发现职业摔跤是一种表演，我仍旧崇拜这些人的力气、气场和魅力。我特别想成为他们那样的人。

对我而言，激励自己去锻炼从来不是一个问题，而说服我妈妈我不会因为锻炼受伤或影响发育则是一个问题。

当我快 11 岁的时候，我和妈妈达成了协议，妈妈允许我在 13 岁的时候开始练习举重。实际上，我父母甚至同意给我一个杠铃片组、一个训练长凳、一个引体向上单杠当作 13 岁的生日礼物。我还有几个哥哥。我们家有一个生锈的杠铃和一组哑铃扔在地下室，那是叔叔们留下来的。印象中好像没有人真正用过它们，但是那也不行，我想要属于自己的力量训练器械！我当时还不太懂力量训练，想法和大多数人一样，认为像我这样皮包骨的小孩需要练习举重来变成大块头，变得更强壮。

变成大块头？也许吧！

变得更强壮？根本没有！

成长的烦恼

我对 13 岁的生日满怀期望。在接下来的两年里，我几乎每天都在妈妈面前念叨力量训练器械的事儿，她的态度丝毫没有动摇，我觉得 13 岁生日真是遥遥无期。在那时我受够了等待的苦，不过现在回过头来看，学会等待是母亲教给我的最好的品格。

当我 13 岁的时候，已经有 1.8 米高了，但我只有 59 千克重！

12 岁的时候，我个子蹿了不少，到 13 岁的时候已有 1.8 米高了，但是我只有近 59 千克重，是时候给这副身板练些肌肉了。

我特别渴望像我的摔跤偶像一样，变成一个肌肉发达的大块头，于是在接下来的若干年，我投身到健身中。为了实现我的梦想，我吃了能找到的各种各样的合法的补剂。尽管重量训练很有趣，但我却没有变得跟偶像们一样肌肉发达。不管我怎么训练，也不管我吃多少补剂，都还是没有太好的效果。多年后，当我决定当私人健身教练时，我担心缺少肌肉可能会影响我的求职。因为当时我在健身房看到的教练们都比我块头大，比我壮。

我第一年当健身教练的时候，交房租之前还要先还债。

尽管最终我没有变得像“壮汉”兰迪那么强壮，但还是成为了一名很棒的私教。做了几年健身教练后，我抛弃了要练一身肌肉的想法，取而代之的是关注训练的乐趣。那时我体重猛增至 86 千克。但我并没有像预想的那么高兴，健身使我的肢体僵硬迟钝。我可以用腿推近 500 千克的重量，但却做不了一个后倒成桥，一个手倒立俯卧撑，甚至跑 1.6 千米都没有取得好的成绩。为了增肌，我吃蛋白粉、过度饮食，这给我造成了胃疼的困扰，最终我将自己的目标由能举起更大的重量和变得更大块头调整为追求良好的训练感觉、享受生活和将动作做得更好。我认识到相比健身式的力量训练，自重训练可以让我做更多的事情。

肌肉发达还是线条分明？

不同的人有不同的体型。虽说不费些功夫人们不可能增长肌肉，但是一些人增长肌肉的速度确实比另一些人要快。我年轻的时候总想尽可能长得壮实点，结果却令我沮丧，因为我是在和我的体型对抗。在青春期我不愿意接受这个事实，但基因是决定我们体型的不可否定的因素。就像我不能改变自己天生是棕色眼睛、小手腕、瘦臀、窄肩一样。这些特征正好成为一个人体型的参考标志。骨架和体脂率是两种不同的东西，所以不能只看一个人的骨架大小，许多人身上的脂肪含量都超乎你的想象。

如果你摸不到你的腕骨、肩胛骨或者髋骨，那说明你有太多多余的脂肪。有的人骨架很大但是有很多肌肉，而另一些人骨架很小但是却很胖。

如果你想测测自己身体的骨架，把手放在上文所说的几个部位，然后狠狠掐一下，试着捏住更多的肉。如果你能抓起的部分有几厘米厚，这些并不是你身体肌肉的一部分，它们是脂肪！

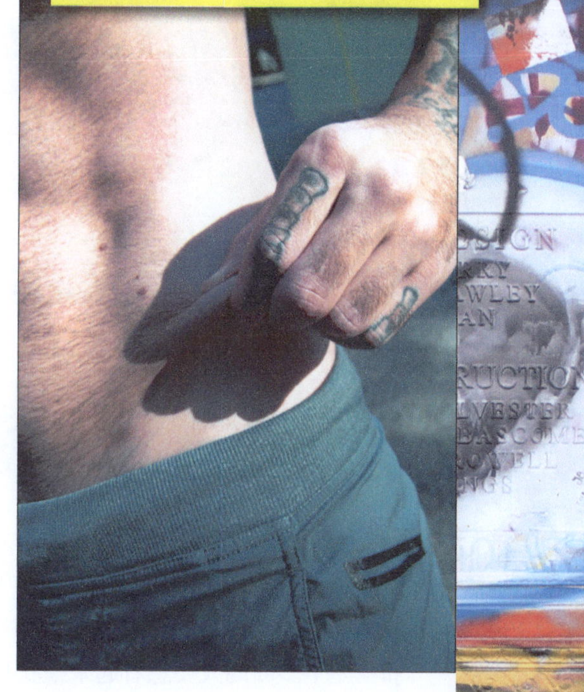

如果你能抓起的部分有几厘米厚，这些并不是你身体肌肉的一部分，它们是脂肪！

我身上的“瘦肉”

练健美体操的人有各种各样的体型，有的高大有的矮小。但是资深的练习者有一个共同点，就是都相对很瘦。练健美体操的人增强的是力量，而非增大体型。进行自重训练可以逐渐增加肌肉，消除脂肪，满足不同训练的需求，使你的身体能够达到活动自如的状态。

因为我身材瘦长，相对于我身体的所有肌肉来说我显得又小又轻。13 岁时，我有 59 千克，那时我显得瘦骨嶙峋。

33 岁是我一生中体型最好的时候。

但 25 岁时我有 86 千克，这体重就太夸张了。现在我 33 岁，身材苗条，73 千克。现在的我比以往任何时候都强壮，我的感觉也前所未有的好。

有些人对我的体重之轻感到很惊讶。我遇到许多体格健壮的家伙，他们的肌肉比我少，但是却比我重 5~10 千克。我尽管有很多肌肉但仍然很瘦的原因在于我的小身板上几乎没有脂肪！许多人没有意识到，他们都超重了。和我差不多高的人要想看起来强壮和肌肉发达也不需要有 100 千克。

初级和中级的练习者可以在健美体操练习过程中体会到肌肉的增长，但是到达某一个点时肌肉量就会趋于稳定。肌肉增长量是有一个自然极限的，但是力量却可以继续无限增长。因为很大一部分力量产生于人的意志，所以一个人有多强壮是不可限量的。人的肌肉可能只能长这么多，但是人的大脑具有学习和加强运动模式的神奇功能。这种功能并不能用训练来解释，而属于神经系统学的范畴。力量并不仅仅是关于肌肉的问题，而是明白如何使用肌肉。

另外，如果人们能通过自重训练变强壮，那我早就和霍克·霍肯一样了！

讽刺的是，我孩童时期崇拜的摔跤运动员年纪大时都疾病缠身。我希望大家注重饮食的健康，远离补剂，为快乐而训练和进行系统训练，这样才能够避免步这些摔跤运动员的后尘。

全身力量

如果你曾经在商业性质的健身房待过很长时间，你可能会发现在力量训练的场地，许多人用哑铃或者大型器械单独训练身体的不同部分。尽管局部训练是健身训练的基础，但是与局部训练相反的健美体操却更有成效。

我希望你能在每个训练的每个节拍中锻炼你身上的每一块肌肉。

诚然，俯卧撑训练更强调上肢训练，深蹲更侧重腿部训练，但是做这些运动时，身体的其他部分也在支持这些被侧重训练的肌肉，所以不存在真正的局部训练。如果你打算做单臂俯卧撑或者手枪深蹲，你要知道从一开始就是全身肌肉都处在紧张状态。高阶的健美体操表演的关键就在于力量、优雅和控制。我希望能让你意识到人的肌肉是相互关联的，在运动中应有效地让所有肌肉一起动起来。

我希望你能在每个训练的每个节拍中锻炼你身上的每一块肌肉。

给女士的建议

目前有很多关于女性和力量训练的错误观念。许多女性初学者对于增加肌肉存在不必要的担心，如果没有补充睾丸素，这事儿不太可能发生。你在健身杂志上看到的女性是经过非常艰苦的训练才达到了她们想要符合的美学标准。当体质虚弱且身材臃肿的女性说“我不想做深蹲，不然我的腿会变粗的”这种话时，对那些刻苦训练的女性算是有点侮辱了。

事实上，俯卧撑训练和深蹲训练是强化胳膊外侧、大腿与臀部肌肉的最好练习，这些身体部位是女学员们最关心的。持续进行健美操训练的女性最终都会身材苗条、肌肉紧实、体态优雅，而不是像健美运动员一样，有着成块的线条分明的肌肉。

请牢记，没有人能突然间有大块的肌肉。即使对于大多数男性而言，想有大块的肌肉也需要经年累月的艰苦训练和遵守名目繁多的规定。许多人会突然变壮了，但是他们的肌肉并没有增大！不要妄想你的脂肪会转化为肌肉。自重训练不会使女性显著地增长肌肉。

三大项

我用自己最喜欢的训练器械引体向上杆讲解了许多动作。在这本书里，我将向大家展示如何无器械完成力量训练的所有必要动作。开始进行力量训练时你所需要的只有踩在你脚下的地面。你如果找不到地面的话，那可有大麻烦了。

在引体向上杆上只有 3 种基础练习运动，除此以外的其他练习都只是这 3 种练习的组合或者变体。尽管在地面上进行徒手力量训练的运动超过 3 种，但在本书中我将集中讲述我认为最重要的 3 种运动：俯卧撑、深蹲和倒立。尽管通过这些练习你就可以打造一个强壮、健美的身材，但进行终极自重训练则包括我讲过的所有内容。

别误会，按照本书中的建议，你将会训练身上的每块肌肉。在你做俯卧撑时，背阔肌和肱二头肌就像稳定器一样（做单臂俯卧撑时尤其如此）；所有背部的肌肉在做后倒成桥时都起了很大的作用；做单腿手枪深蹲时如果保持胸部笔直的话，背阔肌就会火辣辣的疼，那感觉很糟，但是这些训练都不能替代引体向上。

现在我们先把这些放到一边，开始本书的内容。

在本书中我将集中讲述我认为最重要的3种运动：俯卧撑、深蹲和倒立。

第 1 章
正确地做俯卧撑

俯卧撑是一项你可以做的近乎完美的练习，俯卧撑不需要任何器械（即使是引体向上还需要一根杆），而且有无数种变体。我不可能讲述现有的各种俯卧撑，所以我选择了一些我认为最有价值的类型，但首先你要掌握最基本的类型，做好它本身就很难!

做好俯卧撑动作的首要问题就是学习如何站直。严格来说，许多人甚至都站不直。了解脊柱是安全有效地进行俯卧撑练习的关键。

通过观察新学员的表现，我发现有 3 个大问题：头部向前倾斜、耸肩和过度拱起的腰——被病痛折磨的人就是这么站的。你站直的时候如果能注意到这些问题，那么正确的俯卧撑动作做起来就容易多了。知道如何修正一个问题，其他类似问题也就能够自动修正，一通百通。

通过观察新学员的表现，我发现有3个大问题：头部向前倾斜、耸肩和过度拱起的腰。

和私人教练一起训练，他会帮助你改进动作。

健康的脊椎指的是椎骨排列成线，每块椎骨都恰好和其相邻的椎骨最大限度地相接。健康的脊椎在下背部形成了一个略微内弯的弧线（腰椎），在上背部形成了一个略微外弯的弧线（胸椎），然后在脖颈处再次向内侧弯曲（颈椎）。“中立位脊柱”这个术语指的是脊柱在椎骨正常排列顺序下的姿态。尽管你的脊柱可能有一点弧度，但是你可以沿头部的正中、肩膀、臀部、膝盖、脚踝画出一条直线。这就是理想的脊柱姿态，不管你是站着或者是在做俯卧撑。

那么怎么样才能站直呢？对有些人来说，这很简单，只要稍加注意即可。我有时也发现自己是在懒散地坐着，但是我一旦注意到，改正起来并不困难。如果你觉得自己很难站直，那么这是你试着要做的事：并紧两脚站立，用脚跟向地板施压；收紧臀部，想象自己正慢慢地用脚趾抓紧地面；不要向上看，想象自己的头顶正伸向天花板；集中注意力伸展你的脊柱，同时深吸气，缓慢吐气的同时收紧腹肌挺胸。如有必要，重复上述动作。

做好俯卧撑动作的首要问题就是学习如何站直。

平板支撑

领悟了站直的时候脊柱的正确位置，下一步就是在做俯卧撑时做到这些。我推荐平板支撑这一静力锻炼法，即用手掌或肘部支撑身体并保持不动（静力锻炼法要求训练者保持固定姿势而不是做一系列动作）。

肩部和手臂缺乏力量的人可能会觉得依靠双手做平板支撑很困难，缺乏核心力量的人更倾向于认为肘部平板支撑更有挑战性。尽管肘部贴地承担了部分肩部和手臂的压力，但是当身体趋近于和地面平行时，保持躯干的肌肉稳定和不变形却变得越来越困难。

记住，适用于直立时保持身体笔直的原则也适用于平板支撑。关键的不同在于当你和地面呈平行状态时，相比中立位脊柱姿势你要用到更多的肌肉。你需要腿部和臀大肌使劲儿，收紧腹部，缓缓放松并向后伸展肩胛骨。不要弯曲肩部或者撅起臀部。想象着你的脊柱正在变长，就好像从头到脚都在伸展一样，保持肩膀在手的正上方（做肘部平板支撑时，肩膀要在肘部的正上方）。

初学者做平板支撑时应该能坚持几秒钟。如果你还做不到，可以试着先用膝盖而不是脚趾支撑。一旦你可以做一个标准的平板支撑动作，就应该试着保持这个姿势更长的时间。对初学者来说，坚持 1 分钟是个不错的目标；中级练习者应将目标定为 2 分钟。经过足够的练习后，平板支撑能坚持多长时间只是个意志力的测验，身体强壮的人可以坚持更长的时间。

没有什么比老式的平板支撑更有挑战！

推墙俯卧撑

如果你是一个练习俯卧撑的新手，开始的时候练习推墙俯卧撑是个不错的主意。推墙俯卧撑指的是当你身体保持中立位脊柱姿势倾向墙面时，通过按压墙面使你的身体向后再站得笔直。用这种方法可以不用太大力气就能得到很好的训练效果。对于身体虚弱的人来说，重复这项练习也是一种挑战。

对于手腕和肩膀有伤病的人来说，推墙俯卧撑是个不错的开始。如果你的关节有毛病，即使你手臂和胸部很强壮，可以做完整的俯卧撑动作，推墙俯卧撑也是开始训练时比较舒适的方式。如果手腕的伤病阻碍了你做完全俯卧撑动作，那么我建议你可以通过加速推墙俯卧撑动作来改善。

人人都知道力量训练对于肌肉有极大的好处，但是很多人没有意识到力量训练对骨骼、肌腱和其他结缔组织也有好处。这是事实，力量训练使你的整个身体都变得强壮。你仔细想想就能明白——你的结缔组织需要变得强壮才能支撑肌肉！人们有时会过度关注健身的美学目的，而忽视了那些看不到的变化。

如果你的肩膀、手腕、肘部有问题，通过低强度的训练，这些部位的关节可以及时恢复。一旦关节恢复，你就可以安全地继续训练。身体有多强壮，取决于它最弱的连接部分。相比肌肉，结缔组织的适应能力较差。尽可能长时间地进行基础训练，不要在自我感觉良好而身体还没准备好时就进入下一个训练阶段。

因为推墙俯卧撑训练强度相对低，你可以多次重复训练。新手或是受伤的人可以至少每组做 10 次，很快就能做到每组 20 次，最终达到 50 次。

膝盖着地俯卧撑

对于新手来说，膝盖着地俯卧撑是做完全俯卧撑之前比较有挑战性的一种俯卧撑变体，其变化包括弯曲膝盖，用膝盖而不是脚趾着地。该动作通过缩短你的身体，使杠杆平衡产生变化，这样做起来就不那么难了。这也是俯卧撑训练中能很好地训练脊柱的练习方式，并不需要像脚趾着地的俯卧撑那样需要全身的力气。

尽管膝盖着地俯卧撑被称为“女式俯卧撑”，对于男女初学者来说它却都是适合的。即便对于男性而言，在练习完全俯卧撑之前练习膝盖着地俯卧撑也并不丢人。我觉得那些保持谦虚心态的初学者是值得尊敬的。

倾斜俯卧撑

如果推墙俯卧撑和膝盖着地俯卧撑对你来说太简单，而完全俯卧撑还做不了的话，倾斜俯卧撑是个不错的过渡练习。

倾斜的角度越大，俯卧撑做起来就越容易；倾斜的角度越小，俯卧撑做起来就越困难。大角度的倾斜俯卧撑最终变成了推墙俯卧撑，而小角度的俯卧撑最终变为常规俯卧撑。这中间还有几个层次，你可以利用家中的东西或者是在户外发现的器材来逐渐减小你和地面之间的角度。

使倾斜角度逐渐减小。

完全俯卧撑

当你觉得自己做推墙俯卧撑、膝盖着地俯卧撑、倾斜俯卧撑（这些俯卧撑的变体你可以很轻松地做很多组）时能恰当地保持身体姿势，你就可以做完全俯卧撑了。

做俯卧撑时，我建议你把手放得比肩宽（拇指在腋窝正下方）。肘部尽可能靠近身体，并指向后方，不要让肘部滑向外侧；降低胸部到快贴到地面的程度，保持几秒钟不动，然后再挺直手臂。

许多初学者在下降身体方面存在问题，练习俯卧撑多年的人也存在这样的问题。以肘部外侧衡量应该弯曲超过 90 度才算数，弯的幅度越大效果越好。你可以在胸部下面放个网球、砖块或者其他东西来做参考，这样你就知道身体降到多低了。如果你想扩大活动幅度，也可以将胸部降低至贴住地面。能够保持正确的姿势干净利落地做完胸贴地俯卧撑说明你的上肢有足够的力量和灵活性。你也许暂时还做不到这样，但是这应该是终极目标。

你可以在胸部下面放个东西来帮助你确定能将身体降到多低。

锁紧关节

做俯卧撑时要大幅度运动。我希望你们能够保持动作不变形做俯卧，也能保持姿势撑起来。很多教练反对在进行力量训练时完全锁紧关节。在举起重物时，这个观点也许正确，但在进行像俯卧撑这样的自重练习时这个观点就很不适用了。实际上，我们的关节锁紧时，骨骼本身就能够支撑起我们的身体（这也解释了为什么脊柱姿势很重要）。瑜伽练习者、体操运动员和其他表演平衡技巧的人经常能够用锁紧的肘关节撑起整个身体并坚持很长时间，效果非常好。

如果你还不能做好完全俯卧撑，那么你就不会从这项运动中获得最大收益。练着练着你甚至可能会缩小自己在运动过程中的活动幅度。我遇到过很多人，他们在进行力量训练时只在有限的幅度内活动，最终他们连胳膊都不能完全伸展了。

督促自己进步

俯卧撑是一项你可以不断改进的练习。相比其他练习，可能我做俯卧撑的次数最多，但我仍能在后来的练习中发觉到先前没有注意到的细微差别。做俯卧撑时保持全身完全受控是超乎想象的一种挑战。人类的身体并非完全对称，但是我仍愿意将此作为目标来塑造完美身材。瞄准完美，你可能会取得伟大的成就。

瞄准完美，你可能会取得伟大的成就。

在镜子前摆好俯卧撑姿势，使拇指在肩膀正下方。你的臀部、腿部和脚应形成一条直线，你可以从两臂之间看到你的脚趾。试着一边慢慢做上几个俯卧撑一边看着镜子中的自己。做几次这样的练习。别伸着脖子，恢复到中立脊柱位。想象你的身体在上下运动中保持笔直。不要撅起臀部，也不要左右摇晃身体。保持全身紧张，俯卧撑绝不仅仅是上身运动。

第 2 章
了解深蹲

深蹲是下肢运动之王。实际上在上句话里我可以省略掉“下肢”这个词，即便这样仍能反映我对深蹲这项运动的认识。很难想象不进行深蹲练习如何打造一个功能强健的身体。深蹲练习不仅锻炼了腿部的每一块肌肉，同时也锻炼了腹肌和下背部。因为腿部有大块肌肉，深蹲提供了腿部肌肉需要的大量血液和氧气，所以，深蹲练习也是一个锻炼心肺功能的绝好方法。

深蹲是一项儿童靠本能进行的特色活动，大多数成人大部分时间都在椅子上度过，已经完全不会深蹲了。好消息是，身体可以较快地重新学会某些运动（一些人可能比其他人需要更多的恢复训练）。

学习深蹲有很多方法，我喜欢让事情简单化。在我看来，想要正确做好深蹲动作，只需要注意 3 个问题：脚跟贴地、撅起臀部、保持胸部挺直。如果你能在整个动作中做到这 3 点，你几乎不可能做错。

深蹲动作涉及弯曲你的臀部和膝盖，当你学习深蹲的时候，应先弯臀部再弯膝盖。臀部向后移动膝盖才开始弯曲。如果你刚练习深蹲，需要多做几次才能掌握动作。我说过要挺直胸部，但是记住并不是说上身不能前倾。如果要深蹲，你必须前倾上身，否则你就会一屁股坐下。诀窍在于前倾是从腰部开始前倾而不是脊柱前倾。

从腰部开始前倾而不是脊柱前倾。

当臀部在你身后，躯干要向前倾才能和臀部向后运动的力保持平衡。踝关节也要弯曲，这样膝盖就可以向前轻微运动，这期间要保持你的脚跟紧贴地面。运动中可以伸出手臂进行辅助。

还记得我说过的站直的时候从耳朵到脚跟与地面垂直吗？当你在深蹲运动中蹲到底时，你仍然应当保持从耳朵到脚跟与地面的垂直，只是你的臀部此时运动到后方，膝盖在稍前方。此时你的头、肩、脚跟也应该在与地面垂直的一条线上。

此时你的头、肩、脚跟也应该在与地面垂直的一条线上。

就像做俯卧撑动作时一样，当你做深蹲动作时，保持脊柱姿势要比站着的时候更费一番功夫。当你的臀部向后运动时，你需要收缩下背部和腹肌来保持腰椎的曲线。同样你需要上背部的肌肉保持颈椎原来的姿势，以及避免肩膀向上耸起。肩膀下拉并向后展有利于保持姿势。

每个人都要蹲下去

很多教练仍然固执地坚持认为深蹲肯定会损伤膝关节——这纯粹是胡说八道！理想状态下，每个人都可以蹲得足够深，股后肌群和小腿保持齐平，而在整个过程中保持中立脊柱位。在许多国家这是上厕所的姿势之一。

不幸的是，如厕的另一种姿势只需要蹲到一半即可，因而问题从“人应该蹲多深”变成了“人能够蹲多深”。

对一些人来说，这意味着要做深蹲除非大腿根和地面在一个水平面才行，这差不多是理想活动幅度的一半。然而，如果那是他们能做到的，他们就应该那么做。因为相比教科书和公式所描绘的虚拟世界，我更喜欢生活在现实世界中。对于持上述观点的人来说要有那样理想的活动幅度，除非大腿根是和地面平行的。

当健身行业的人谈论蹲到平行时，他们总是词不达意。平行在这里的真正含义是大腿的上部是平行于地面的，要比一般人通常情况下蹲得更低。深蹲的好处在于可以帮助你拉伸身体，扩大活动幅度，让你最终可以蹲得更低。当练习自重蹲时，尽可能蹲得更低，你的活动幅度会增大。

当练习自重蹲时，尽可能蹲得更低，你的活动幅度会增大。

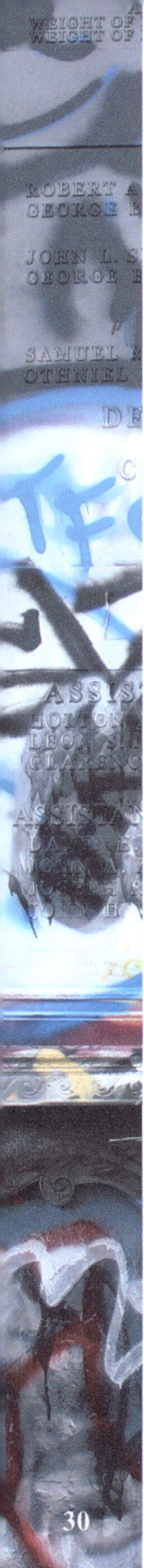

脊柱的风险

相比背负杠铃蹲，做自重深蹲时脊柱的活动余地更大些，训练时要多加小心你的脊柱。人的背部可以弯曲收缩，但在力量训练中，应养成站立和活动时保持中立脊柱位的好习惯。

蹲起时从肩胛骨发力有利于保持姿势。

脚的位置

标准的深蹲动作两脚与臀部同宽。改变两脚之间的距离可以微妙地促进肌肉恢复。有人发现距离稍大一些可以在不影响脊柱位置的情况下蹲得更深。如果你也是这种情况，那么开始训练时就这么做。脚趾外倾也能帮助你加大臀宽，增大活动幅度。另外，两脚平行或者两脚并拢的深蹲更具挑战性，同时也更有效（第 5 章在介绍并脚深蹲时会详细阐述）。

两脚平行或者两脚并拢的深蹲更具挑战性。

如果两脚平行蹲下有困难的话，试着脚尖朝外，使两脚距离稍大一些。

长凳深蹲

如果你觉得自己在蹲下时会一屁股坐下，可以用长凳（或者其他物体）来辅助。你可以试着用坚固的和矮一些的物体。用一些你坐着时能使大腿上部和地面平行的物体开始训练。

做长凳深蹲时，站在你所选的长凳前，然后坐在它上面。如果你在下降过程中不能保持平衡，那就干脆一屁股坐下，然后站起来再试一次。多练几次你下蹲的控制力就会好多了。最后你可以选一个更矮一点的物体练习。很快你就能不借助向后坐在什么物体上完成臀部贴近脚踝的深蹲了。

即使你并不需要借助物体练习深蹲，你也可以将长凳深蹲纳入常规训练。在每次蹲到最低位置时完全静止，然后坐在物体上也是一种挑战。从完全静止状态开始的向上运动需要独特的力量和稳定性。

开始时用一些你坐着时能使大腿上部和地面平行的物体。

相扑式深蹲

相扑式深蹲是以我儿时喜欢的一种摔跤运动命名的。做相扑式深蹲动作时两腿间距很大，脚趾一直撇向外侧，臀部和大腿内侧肌肉重点发力。相扑式深蹲很像芭蕾舞中的屈膝动作，对初学者来说可能很容易。如果你深蹲时觉得保持平衡和姿势不容易，那相扑式深蹲可能是不错的入门练习。另外如果你想多加强一下大腿内侧肌肉的话，练习相扑式深蹲也是不错的选择。

不管是做哪一类型的深蹲，你都应该注意自己腿部的姿势。在练习相扑式深蹲时，要格外注意你的膝盖和脚趾应形成一条直线，膝盖不要朝内弯曲。

如果你深蹲时觉得保持平衡和姿势不容易，那相扑式深蹲可能是不错的入门练习。

劈叉式深蹲

劈叉式深蹲是一种非常棒的深蹲变体动作，其随着角度的变化改变平衡，也锻炼了肌肉。与两脚并拢的深蹲不同，劈叉式深蹲以一脚在前一脚在后的劈叉姿势站立。前脚要完全紧贴地面，后脚脚尖点地支撑。我认为做劈叉式深蹲时，最好将双臂自然下垂；而有的人认为将手放在臀部上有利于完成动作，我认为这两个姿势都可以。

接下来的训练目标是保持躯干挺直，同时下降身体直到双膝弯曲至约 90 度，然后回到初始位置。试着通过弯曲后面那条腿的膝盖开始下蹲，否则可能前腿膝盖弯曲幅度过大，而后腿膝盖则动作不到位。你的重心应该在两腿中间。

在做劈叉式深蹲和箭步深蹲时，保持上身挺直。

行进式箭步深蹲

一旦你掌握了劈叉式深蹲动作，就可以试着练习行进式箭步深蹲。行进式箭步深蹲是我最喜欢的练习。行进式箭步深蹲每次动作都是在前进，而不是保持劈叉姿势不变。做行进式箭步深蹲时依然要注意保持姿势，不要让前脚跟离开地面。试着将行进式箭步深蹲分解为 3 个明确的动作：先向前迈腿，再下蹲，然后起身，这 3 个动作构成一次完整的练习。将动作分解可以帮助你避免动作变形。

行进式箭步深蹲每次动作都是在前进，而不是保持劈叉姿势不变。

1

试着将行进式箭步深蹲分解为3个明确的动作。先向前迈腿，再下蹲，然后起身，这3个动作构成一次完整的练习。将动作分解可以帮助你避免动作变形。

2

3

后退式箭步深蹲

劈叉式深蹲的另一个常见变体就是从站姿后退成劈叉姿势。相比行进式箭步深蹲，后退式箭步深蹲对关节影响较小，因为人们向前落地时要比向后落地时用力。另外进行后退式箭步深蹲你不需要太大的空间。在完成后退式箭步深蹲起立后，继续后撤一步，进行下一次练习。和所有的箭步深蹲练习一样，练习后退式箭步深蹲可以双腿交替进行，也可以单腿重复若干次后再换另一条腿练习。

囚徒蹲

当我的学员学习深蹲时，我往往建议他们前伸手臂来和臀部向后运动的力保持平衡。做深蹲没什么问题的时候，你就可以换成将手放在脑后的方法来保持平衡，这是一种非常棒的练习法，也将深蹲变成了一项上肢的伸展运动。试着将肩胛骨向后收紧，保持胸部挺直避免向前凹陷。

直角坐墙

直角坐墙这项练习将会对你的精神和肉体构成双重挑战。紧贴墙壁站立，迈出双腿，开始下蹲，蹲至大腿上部和地面平行。在此过程中，上身紧贴墙壁，保持挺直，不要将手臂压在大腿上进行辅助，而要把双臂放在体侧或者交叉放在胸前。就像你坐在一把椅子上一样。

就像平板支撑一样，直角坐墙也属于静力保持运动。你需要尽可能长时间地保持这个姿势。深呼吸，放松大脑。初学者可以保持 30 秒左右，最终可能练到能保持几分钟。就像保持平板支撑动作一样，练到一定程度后，能保持该动作多长时间就是意志力的问题了。

第 3 章
后倒成桥

在现代健身活动中，后倒成桥可能是最没有被充分利用的练习。但是练习后倒成桥对于你未来练习倒立是至关重要的，后倒成桥是倒立很好的入门练习。谈到倒立，人们首先想到的是头倒立和手倒立，实际上只要心脏位置位于头部上方的姿势都是倒立。后倒成桥给人以上下颠倒的感觉，因而是做两腿悬空完全倒立最好的准备动作。与大多数的完全倒立不同，后倒成桥动作有助于增强背部肌肉、臀大肌、股后肌群和小腿肌肉的力量。

完全后倒成桥涉及的动作包括：用手和脚支撑，身体正面朝天，脊柱充分伸展，臀部悬空。应确保脊柱从头到臀弯曲形成的弧度很平缓，腰部不要过度弓起。如果你有常见的上背部僵硬问题，要特别注意这一部分。我喜欢把后倒成桥当作一项静力保持运动，调整呼吸，逐渐将动作做到位。

有些人柔韧性不好，做完全后倒成桥有困难，另一些人则可以很容易做到。你的柔韧性越好，你的手和脚在地面上的位置就越靠近。这也是增加这项运动强度的一个简单方式。

你的柔韧性越好，你的手和脚在地面上的位置就越靠近。

初学者如何做后倒成桥？

在谈论如何增加强度之前，我们先来关注一下初学者如何能安全地取得进步。如果你是练习后倒成桥的新手，你最好从部分成桥开始练起。躺在地面上，膝部弯曲，两脚平放，手臂放在身体两侧。肩部慢慢挺起，挺胸，试着将臀部挺到最高。也可以通过摇动双肩和两手掌心相对紧握在一起，来让你弓起的弧度变大。

直桥

掌握了部分成桥动作以后，你就应该练习直桥。坐在地上，两腿在体前伸直，好像你要去够你的脚趾一样，但你要把两手放在臀部正后方，这时，挺起身体，通过收紧股后肌群、臀大肌和其他臀部的肌肉绷直身体。头部后仰，挺胸，望向后方。就像是在做面朝上的平板支撑。直桥将会极大地伸展你的胸部和肩部。即使今后你会做完全后倒成桥，直桥仍然是你很棒的日常训练项目。

桌形拉伸

作为另一种替代练习，做直桥练习时你也可以将膝盖弯曲至90度，这样就做出了桌形拉伸动作。肩部姿势的变化使得胸部更加外扩，膝盖的弯曲使得股后肌群能够更好地维持平衡并激活臀大肌。

膝盖的弯曲使得股后肌群能够更好地维持平衡并激活臀大肌。

颈部后倒成桥

该动作的起始动作和部分后倒成桥一样，除了两个手掌与肩同宽置于头部两侧，手腕向后弯曲。背部发力，慢慢挺起胸部，后脑勺逐渐离开地面。开始练习时，在头部和地面之间放块毛巾或其他软的东西。

尽管你的大部分重量是由头盖骨来支撑的，但这项练习会极大地加强你颈部的肌肉。记得一边收缩臀大肌、股后肌群和下背部，一边尽可能地向上挺起胸膛，尽可能地弓起脊柱。一旦你适应了用手辅助颈部后倒成桥，试着不用手来进行，这是额外的挑战。

尽管你的大部分重量是由头盖骨来支撑的，但这项练习会极大地加强你颈部的肌肉。

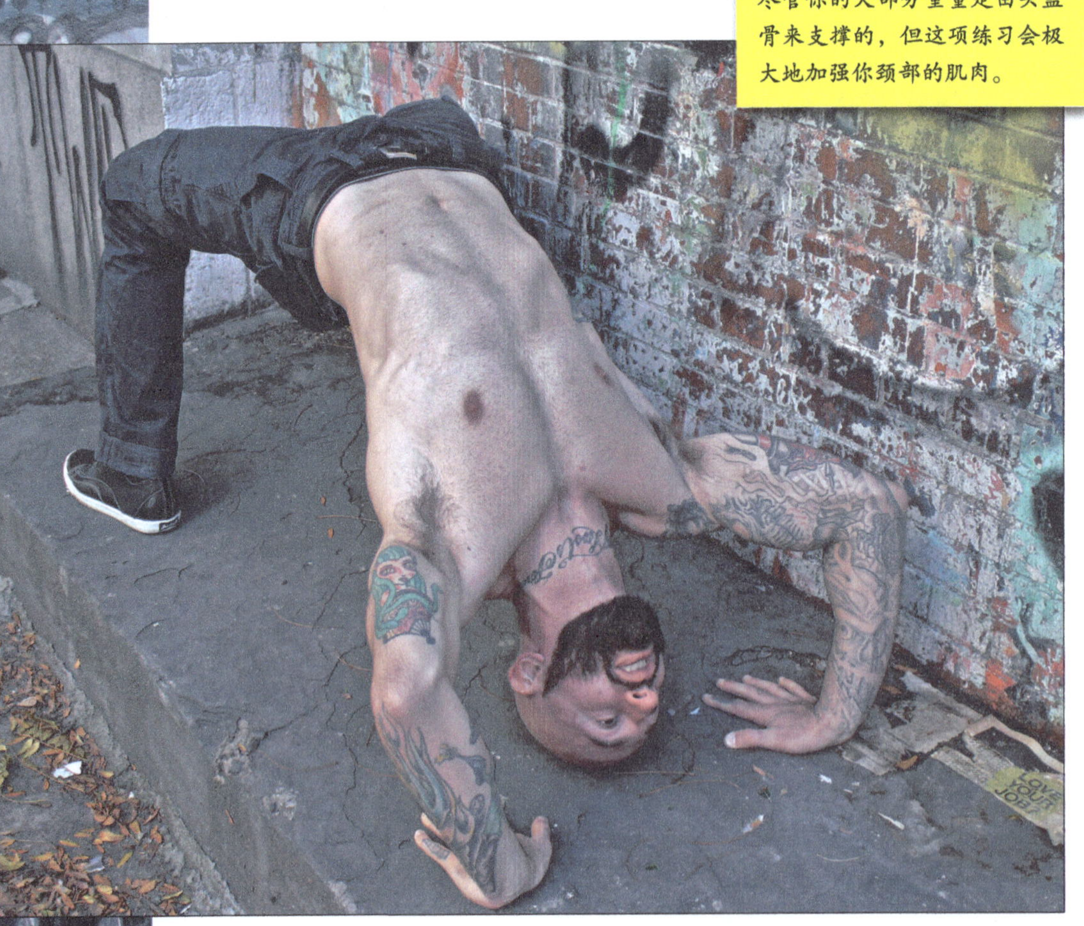

完全后倒成桥

当你觉得自己可以试着做完全后倒成桥时，我建议你可以在开始时保持颈部后倒成桥的姿势，两手手掌平放在离耳部几厘米处。以手撑地，脚跟贴地，向上挺胸。最后一步对于肩部肌肉绷紧的人来说尤为重要，因为向上挺胸需要最大程度地伸展胸部。当颈部和脊柱弯曲时尽量让它们充分舒展。目光注视两手之间有助于帮助打开上背部和胸部，一旦动作完全到位，你就可以放松头部，使其自然悬空。

这需要一些练习，你的目标是使身体的弧度在臀部两侧看起来是对称的。为了追求对称美，应尽可能高地挺起臀部。逐渐将身体的重量从以臀部为中心的一侧移到另一侧，这样可以打开上背部，充分伸展肘部。在光滑的地面上做后倒成桥时要多留心。在草地或者橡胶场地上练习是有好处的，这样你的手和脚不会打滑。

脚跟着地还是脚趾着地？

做后倒成桥的常见问题是保持脚跟平放在地面上还是以脚尖着地。大多数时候，以脚跟着地是比较理想的。但凡事都有例外，如果你发现在做后倒成桥时胳膊无法保持紧绷，就将身体的重量从脚跟转移，使得胸部能多向上挺些。这样也能尽量伸长手臂。做到这些后，降低脚跟，使其贴地，同时上身保持原来的伸展状态。照这个要领多练几次。

记住踮起脚尖可以帮助你在更好地保持平衡的情况下扩张胸部，脚跟离地会加大腿部和脊柱承受的力量。另外，当你伸展胸部结束后放下脚跟时，需要特别小心你的臀大肌和下背部的伸肌，否则脊柱承受的压力就太大了。事情没有简单的对错之分，每种方法都有赞同或反对的声音。你应该采用各种方法，进行不同的试验来训练自己。

如果你发现在做后倒成桥时胳膊无法保持紧绷，就将身体的重量从脚跟转移，使得胸部能多向上挺些。

如果你觉得向后弯曲手腕有困难或者感觉下腰后手会向两侧滑，那么试着紧贴着墙练习。用手撑住墙面来获得平衡，这是一种容易完成后倒成桥的方法。

爬墙练习

一旦你可以做完全后倒成桥，就可以利用墙、杆或者其他固定垂直的物体来“爬”成后倒成桥的姿势，再“爬”回原位。和你要利用的物体背对站立，双手放在臀部上，尽可能地向后弯。一旦你能看到后面的物体，就伸出手臂，用手托住物体来获得支撑。慢慢地“爬”成后倒成桥姿势，然后再“爬”回直立状态。收紧臀大肌，尽可能地将手臂伸远。在爬起的过程中，用身体中部和腿发力离开墙，完成这个动作尽可能不要用手臂。

收紧臀大肌，尽可能地将手臂伸远。

1

2

3

4

5

6

后仰练习

做过许多次爬墙练习后，可能就不再那么依赖墙了。当能达到这个程度时，你就可以试着从站立姿势后仰来做后倒成桥。开始做的时候，我建议有人辅助或者在柔软的地面上进行。向后弯腰的同时应向前挺膝盖和臀部。将手放到下背部，眼睛向后看，随着每次呼吸逐渐弯得越来越低。试着看更远的地方，直到你差不多能看到地面。这时，将手从背部拿开，伸手去够地面。

这时，将手从背部拿开，伸手去够地面。

后倒成桥起身回直立位

掌握了后仰动作后，你就可以试着从后倒成桥的姿势逆向做回直立姿势。这就是所说的后倒成桥起身回直立位。初始动作为后倒成桥的姿势，用手推开地面，同时收缩腿部、下背部、臀大肌，向前弯曲膝盖。做这个练习时有人辅助较好。作为一个很难做得干脆利落的动作，后倒成桥起身回直立位可以很好地展示人的力量、灵活性和整个身体的控制能力。

作为一个很难做得干脆利落的动作，后倒成桥起身回直立位可以很好地展示人的力量、灵活性和整个身体的控制能力。

软翻

与后倒成桥起身回直立位不同，软翻是指回到站姿时你用的方法是在后倒成桥的基础上沿同一方向继续后仰。这是非常难的一个动作，对于上背部和肩膀肌肉紧绷的人来说尤其难。

如果你想学习软翻，试着在保持后倒成桥姿势的同时将一条腿抬起。然后踢起另一条腿，使臀部高过肩部，再顺势翻转回站姿。利用长凳抬高双脚是练习软翻的好办法。同样，做这个练习也需要有人辅助。

单腿成桥

对于你而言，后倒成桥动作没有什么难度后，就可试着练习单腿成桥。单腿成桥可以很好地增强臀大肌和股后肌群的力量，也是对稳定能力的挑战。单腿后倒成桥是一项中阶练习，单腿直桥是高阶练习，单腿完全后倒成桥难度就更大了。

即使你熟练掌握了直桥和完全后倒成桥动作，单腿成桥练习仍然有价值。你最好多做几次这个练习。记着要把腿抬到身体正中和两臂中间来保持平衡。

1

2

3

单腿后倒成桥是一项中阶练习，单腿直桥是高阶练习，单腿完全后倒成桥难度就更大了。

双脚抬高成桥

如果你想要打造特别强壮的肩膀，同时增大肩膀的活动幅度，那么保持后倒成桥的时候可把脚部抬高。抬高脚部从两方面改变了后倒成桥这项运动：一方面通过减小下背部必须弯曲的角度缓解了下背部的一些压力，另一方面增加了手部要承担的重量。双脚抬高成桥这项运动给了肩部更多的锻炼，同样身体平衡的改变也使得你可以将胸部挺得更高，更好地扩展胸椎。如果说保持标准的后倒成桥最难的部分是上身的活动幅度有限，双脚抬高成桥练习则能够很好地克服这一难点。我建议用 45 厘米高的长凳。脚抬得越高，想要支撑你的体重就越费劲。最终你就练成了手倒立。

后倒成桥俯卧撑

通常我会把后倒成桥视作一种可以练习多次的静力保持运动。对于那些感觉自己可以很轻松地完成和保持完全后倒成桥姿势的人来说，进行后倒成桥和恢复原位练习（也就是后倒成桥俯卧撑）是增强训练强度的好方法。如果对你来说这种全幅运动并不是很容易的话，那么你只做到保持完全后倒成桥就好。因为保持后倒成桥时的肌肉紧缩是这项运动最有价值的部分。通过这项训练，你可以放松肌肉，也可以更长时间地保持后倒成桥的姿势。另外，后倒成桥俯卧撑结合了我最喜欢的两种运动，我怎么能不喜欢它呢？

单臂后倒成桥

后倒成桥也可以以单臂进行。这并不适合初学者练习，寻求挑战的高阶练习者可以试着在做到完全后倒成桥姿势后抬起一只胳膊。试着逐渐将全身的重量转移到那只抬起的胳膊上来防止摔倒。一旦你熟练掌握了这个动作，就可以试着以单臂完成后倒成桥动作。这项练习有着超乎想象的难度，所以练习时要保持耐心。

同样你也可以用单臂做直桥练习。我建议做这种练习的变体，开始时的站姿两腿距离要大，通过练习你也可以用双脚并拢的姿势来完成这项运动。

单臂/单腿后倒成桥

练习单腿后倒成桥和单臂后倒成桥很长时间后，你就可以将两项练习结合起来。这个动作对于交叉平衡能力要求极高，同时对臀部的力量要求也极高。我建议练习时单臂和单腿逐渐进行。先抬起一只手臂，然后抬起另一侧的腿。牢记要撑起你的整个身体。如果这个动作你能保持几秒钟，那就是个好的开始。很快你就能同时抬起手臂和腿并且保持很长时间。

如果这个动作你能保持几秒钟，那就是个好的开始。

训练伙伴辅助做后倒成桥

熟悉了完全后倒成桥及其变体之后，你可以找一个训练伙伴来进行更多的阻力对抗训练。做好完全后倒成桥的姿势，让你的训练伙伴轻轻地按压你的腹部。这将迫使你收紧臀部肌肉来保持挺立的姿态。进行 5~10 秒的阻力对抗训练后，训练伙伴就可以停止按压。你能马上感觉到后倒成桥做得更加舒展、更加有力了。在运动科学中，这一过程被称作“本体感觉神经肌肉促进法”。与训练伙伴进行阻力对抗训练主要是使伸展抑制因子在阻力消失后得到放松，这将使你能够更好地做好后倒成桥动作。

进行 5~10 秒的阻力对抗训练后，训练伙伴就可以停止按压。你能马上感觉到后倒成桥做得更加舒展、更加有力了。

与训练伙伴进行阻力对抗训练主要是使伸展抑制因子在阻力消失后得到放松，这将使你能够更好地做好后倒成桥动作。

此外，和其他运动中增加阻力训练一样，这种阻力对抗训练会使你的身体更强壮。在每个训练阶段你都可以让你的训练伙伴逐步增大压在你身体上的力量。最终你可能会承受训练伙伴的全部体重。

记着训练过程要慢慢来，后倒成桥训练虽说有趣但毕竟不是游戏！在掌握完全后倒成桥动作之前，许多人要在前期训练中花上几个礼拜甚至更长的时间。训练过量和训练过快都容易导致受伤。

类似在后倒成桥时进行同伴辅助的训练可以让你无比强壮，但这需要决心，努力训练一切都会水到渠成。通过不断训练，普通人也可以做成神奇的事情。

第 4 章 俯卧撑进阶训练

俯卧撑有很多种变体。每当我认为自己见过所有类型的俯卧撑的时候，网络上就会弹出一个视频——某个地方的某个人又有了新的俯卧撑做法。我尽最大努力来写最常见的（至少是最基本的）俯卧撑的变体，我极力鼓励你通过这些基本内容来探索新的俯卧撑训练法。

钻石俯卧撑

通常来说，做俯卧撑时两手靠得越近，训练难度就越大，这是个杠杆平衡问题。经典的钻石俯卧撑可能是众多两手距离近的俯卧撑变体中最著名的一种。在做这些俯卧撑变体之前，你要确保自己至少可以做 20 个标准俯卧撑。如果做不了 20 个标准俯卧撑，就不要开始本章的训练。

钻石俯卧撑指的是让双手距离足够近，使双手的大拇指和食指分别指尖相接，摆成一个钻石的形状。在做钻石俯卧撑时记得肘部不要外倾，否则会对关节不利，肌肉训练效果也不好。保持肘部在身体两侧的位置。相比经典的把双手摆成钻石形状，我更喜欢收拢两手的大拇指，使两手摆成箭头状。这样就调整了肘部的角度，使肘部更自然地靠近躯干。

相比经典的双手摆成钻石形状，我更喜欢收拢两手的大拇指，使两手摆成箭头状。

当做钻石俯卧撑（或者箭头俯卧撑）时，身体要一直下降，降至最低时手背接触胸部、前臂擦着肋骨。同时注意整个身体的线条也很重要。做这项练习时，人们通常会把臀部降得过低。当开始进行钻石俯卧撑训练的时候，我建议使用第 1 章提到的镜子训练法。当你的两手紧贴在一起时，从镜中你可以看到两脚和两手形成了一条直线。让腹肌、双腿、臀部肌肉保持紧张。牢记：俯卧撑是移动的平板支撑。

让腹肌、双腿、臀部肌肉保持紧张。牢记：俯卧撑是移动的平板支撑。

瑜伽俯卧撑

瑜伽俯卧撑是另一种紧挨式的俯卧撑变体，像钻石俯卧撑一样让双肘紧贴肋骨，但双手不是紧挨着的，而是摆成与肩同宽。瑜伽练习者称其为四肢支撑式。对于初学者来说，练习完全钻石俯卧撑或者箭头俯卧撑前，瑜伽俯卧撑算是一种简单一点的俯卧撑练习。

如果你能做 20 个标准俯卧撑，但是仍觉得做钻石俯卧撑比较困难的话，试着先做瑜伽俯卧撑。你的肌肉应对这种练习不会感到困难，手腕部分的练习也会容易些。

铰链俯卧撑

对于俯卧撑练习者来说，铰链俯卧撑增加了一种独特的平衡能力的挑战，同时，也增大了活动幅度。初始动作是标准俯卧撑姿势，然后俯卧贴近地面。接着不是用双臂撑起，而是将身体的重量转移至肘部上方。此时的动作将变成手掌平放在肩部前下方的前臂平板支撑。此时，将全身紧绷起来，肘部离地向前滑动以撑起身体。脚趾和双脚需要随着肘部的滑动而前后滑动。铰链俯卧撑对于躯干的平衡能力要求很高，所以要保持腹肌、背肌和臀大肌全程充分参与。

1

2

3

4

5

铰链俯卧撑对于躯干的平衡能力要求很高，所以要保持腹肌、背肌和臀大肌全程充分参与。

抬脚式俯卧撑

之前我告诉过大家，要想比较容易地做完全俯卧撑，就要利用手撑墙面或是其他的倾斜面来调整身体的角度；而如果要提高俯卧撑的难度，也可以调整身体角度。如果想增加俯卧撑的难度，可以试着抬起双脚。脚抬得越高，俯卧撑的难度就越大。如果脚抬得十分高，最终你就练成手倒立俯卧撑了。

脚抬得越高，俯卧撑的难度就越大。

指关节俯卧撑

能用拳头做俯卧撑非常了不起。此外指关节俯卧撑的活动幅度要比手掌平放地面的俯卧撑大。这个姿势身体可以多下降几厘米，对练习者来说更具挑战。

要保持在做指关节俯卧撑时支撑额外活动幅度所需要的平衡，一些人可能需要多做些练习才能做到。但对另一些人来说，相较普通的手腕向后弯曲，手腕中立位会使俯卧撑做起来更容易些。开始这项练习时，手部的皮肤会比较敏感，这种由指关节支撑体重产生的不适感可能是另一种训练的障碍。基于这个原因，开始时选一个柔软的表面进行。

能用拳头做俯卧撑非常了不起。此外指关节俯卧撑的活动幅度要比手掌平放地面的俯卧撑大。

指尖俯卧撑

手部是人们用处最大的身体部位之一。从搬运杂货到打开罐头和包裹，日常生活中我们用手的频率要比用身体其他部位的频率高。如果你想拥有一双强壮的手，指尖俯卧撑是必须要进行的练习。手是开展许多运动的重要元素，练习指尖俯卧撑可以全面帮助你进行各项训练。

如果你暂时还没有力量做指尖俯卧撑，我建议你可以用指尖做静力平板支撑。开始时每次练几秒钟，最终指尖平板支撑就可以做到 10 秒。一旦达到这个指标，你就可以练习指尖俯卧撑了。开始时只重复练几次，慢慢地再增加次数。

我建议你可以用指尖做静力平板支撑。

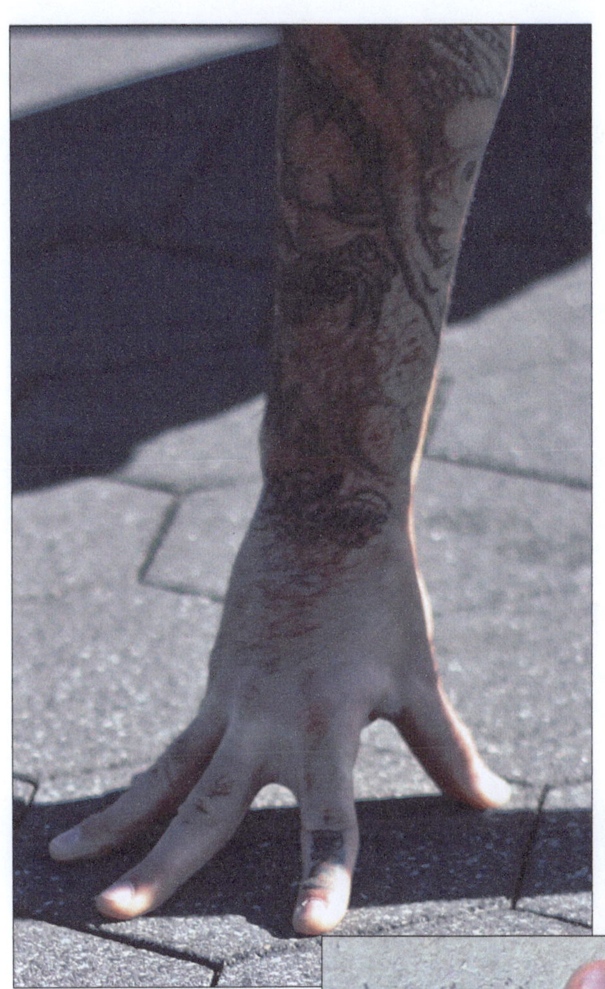

需要说明的是，“指尖俯卧撑”这个术语有些用词不当。练习过程中你不可能一直是用指尖，实际上是用指肚，指尖稍稍弯曲。有的人手指弯曲程度要比其他人大，这不是什么大事儿。如果你想让训练很规范的话，记得手掌不要贴地。

如果你不能用指尖来保持平板支撑姿势，那么试试一只手平放在一个略高一点的物体上，另一只手用指尖支撑。保持几秒钟，然后双手换位。

手腕俯卧撑

手腕俯卧撑又被称为手背俯卧撑，用来帮助运动员提高运动水平。一直以来，武术运动员、体操运动员和其他希望能够突破身体潜能的人都从手腕俯卧撑中受益。尽管这是一项有潜在风险的运动，但是随着运动风险的增加，其带来的好处也在增加。就像指关节俯卧撑一样，我建议做手腕俯卧撑时选择柔软的表面，因为手背的皮肤很敏感，开始训练时容易擦伤。很快你就能够在人行道上练习手腕俯卧撑，但你需要给自己的身体一些时间来适应新的刺激。明白这一点，在开始阶段一周练上一到两次即可。过阵子你的手腕就能适应而且变得强壮，接着你就可以在自己认为合适的幅度里增加训练量。

尽管这是一项有潜在风险的运动，但是随着运动风险的增加，其带来的好处也在增加。

“一加一”俯卧撑（正反手俯卧撑）

在做完全手腕俯卧撑之前，你可以试着一只手手掌贴地，另一只手手背贴地来做俯卧撑。我把这称作“一加一”俯卧撑。有的人认为手背贴地的那只手如果指尖朝向脚的方向要比简单颠倒一下容易些。为了保持平衡，练习不同组时两只手动作交换一下。过一段时间（依据个人情况而定）你就可以做完全手腕俯卧撑了。

在做完全手腕俯卧撑之前，你可以试着一只手手掌贴地，另一只手手背贴地来做俯卧撑。

手倒立俯卧撑

手倒立俯卧撑是与标准俯卧撑完全不同的运动。典型的俯卧撑是给水平面施压，而手倒立俯卧撑是垂直施压。动作强调的重点从胸部转移到了肩部。另外，让身体处于垂直状态意味着相比脚在地面的姿态，你要支撑起超过你体重的重量。而手倒立俯卧撑则更是难上加难——因为你用一个小的主肌群撑起了超过你体重的重量！

我建议在练习做一个（或者更多）手倒立俯卧撑前至少你能做 30 个标准俯卧撑。并没有适合每个人的练习次数，但要明确的是手倒立并不适合初学者练习。

当你准备好了练习手倒立俯卧撑时，先练习静力倒立。这有助于你掌握平衡，练习手倒立俯卧撑时肌肉才不会那么吃力。

同任何类型的俯卧撑一样，做手倒立俯卧撑时不要让肘部滑向两侧，保持双肘紧绷。我建议在俯卧和撑起的过程中，眼睛看着手前方几厘米的地方，而不是两手正中间。如果你曾经举过杠铃的话就会知道，要让杠铃在脸周围运动，这样杠铃才不会砸到下巴和鼻子。手倒立俯卧撑和举杠铃本质上是一样的，只不过颠倒过来罢了。

当你准备好了练习手倒立俯卧撑时，先练习静力倒立。

尽管我建议最后不用墙辅助，但在这之前你应该能连续做 10 个手倒立俯卧撑。（更多手倒立的内容请看第 6 章）

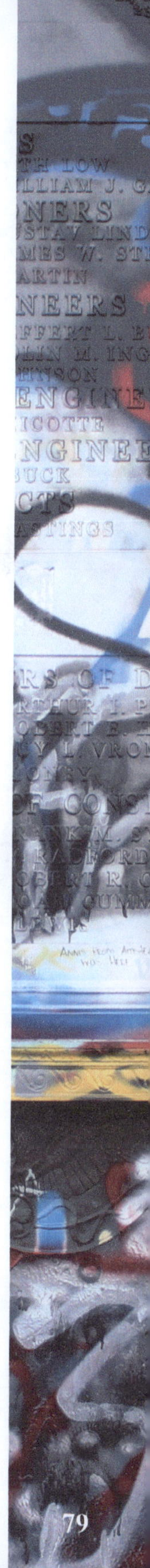

TAKECS

1

2

3

4

5

屈体俯卧撑

通常我会告诫人们做俯卧撑的时候不要撅起臀部，但是凡事都有例外。屈体俯卧撑就是介于标准俯卧撑和手倒立俯卧撑之间的一种有益的过渡练习。在做这个动作时，你要在活动幅度内尽可能地把臀部撅高。这一练习的初始动作很像瑜伽中的下犬式（你应该能感到你的腿筋得到拉伸）。这时，头顶向地面贴近，保持臀部的高度，就像在做手倒立俯卧撑那样的高度。做屈体俯卧撑时抬高双脚作为进行手倒立俯卧撑前的预备动作也是有效的。

这一练习的初始动作很像瑜伽中的下犬式。

做屈体俯卧撑时抬高双脚作为进行手倒立俯卧撑前的预备动作也是有效的。

印度式俯卧撑和俯冲轰炸机式俯卧撑

印度式和俯冲轰炸机式作为两种俯卧撑的变体，初始动作和屈体俯卧撑一样，只不过在将头部降低至地面时，不是用双臂撑回到初始动作而是快速下降臀部，躯干迅速下沉，同时抬头看，这是一个连贯动作。这项练习的最低处的动作像瑜伽动作中的上犬式（你应该能感觉到胸部、肩膀和腹肌得到拉伸），注意不要耸肩。

如果做印度式俯卧撑，在抬起臀部的时候保持双臂挺直，同时让胸部贴近大腿来恢复到屈体俯卧撑姿势。如果你是做俯冲轰炸机式俯卧撑，就反着做俯冲动作来恢复到初始位置。对于大多数人来说，俯冲轰炸机式俯卧撑更难一些。

弓箭手俯卧撑

弓箭手俯卧撑不仅包括身体的上下起伏，也包括左右手交替进行的动作。开始时两手间距要比做标准俯卧撑时大。然后身体向一侧下沉，同时伸展另一侧的胳膊。接着用手臂撑回初始动作位，然后做另一侧。慢慢地一次比一次将手臂伸得更远，以此来增大活动幅度。在身体位于动作中的最低点时，看起来就像是弓箭手正在拉弓准备放箭。这项练习是进行单臂俯卧撑的前期技术练习之一。

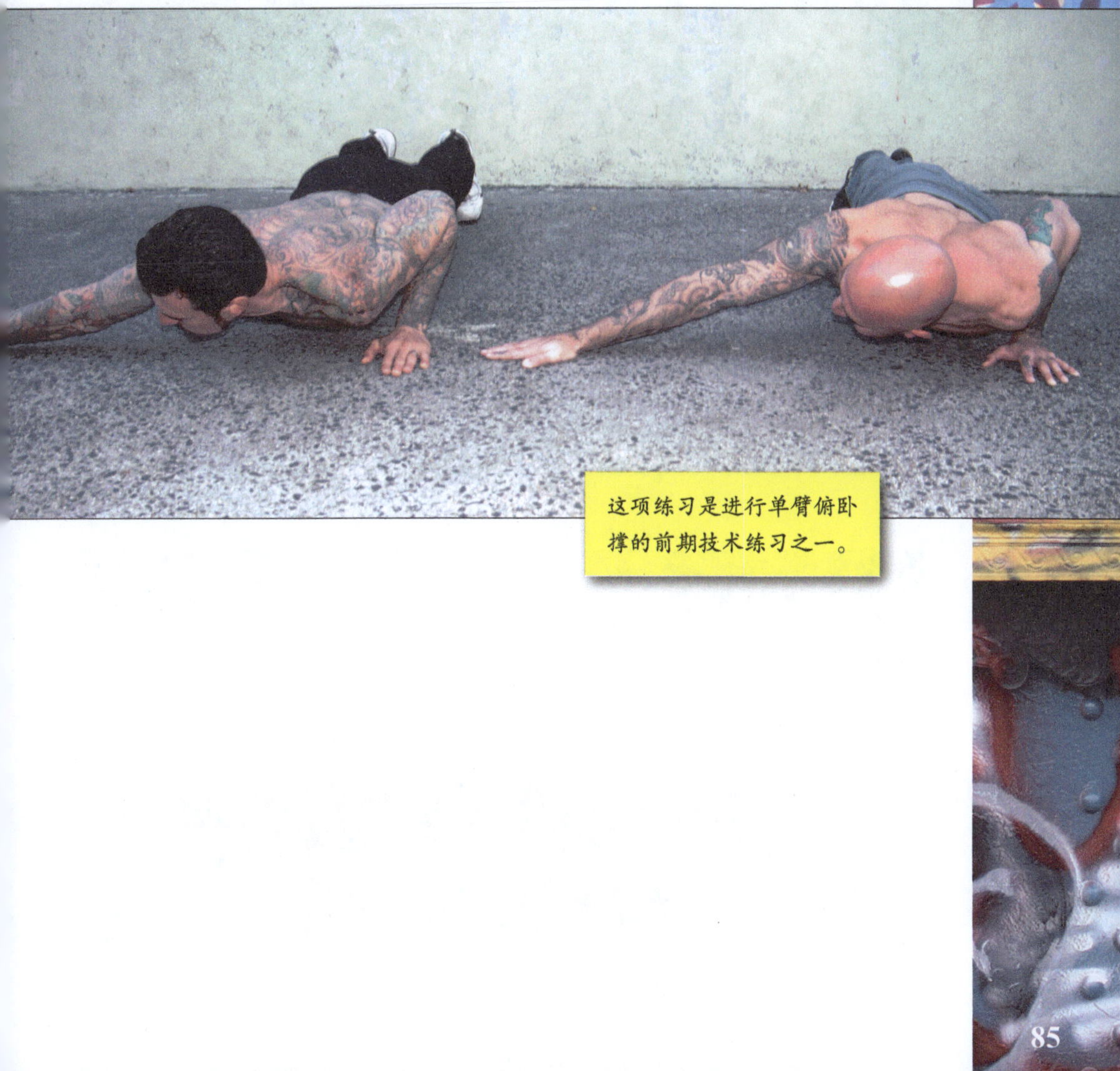

这项练习是进行单臂俯卧撑的前期技术练习之一。

高低手俯卧撑

高低手俯卧撑指的是做俯卧撑时，两手位于不同高度的两个表面上。每次你都可以试着让位于高处的胳膊和位于低处的胳膊承担不同的重量。对此练习逐渐调整，最终让一只胳膊能够承担全身的重量，这是一个最终练成单臂俯卧撑的有效办法。

交错式俯卧撑

任何一种一只手比另一只手更贴近身体的俯卧撑都叫作交错式俯卧撑，包括一只手在身体内侧，另一只手在外侧；或者是一只手放得低，另一只手放得高。你也可以试着把脚摆成交错式的姿势。交错式俯卧撑有助于从多个角度来练习支撑你体重的方法。通过这种练习，你很容易找到一种可以充分有效地利用自身体重的练习方式。

蜘蛛侠俯卧撑是最有名的交错式俯卧撑。

伪水平支撑式俯卧撑

就像让两手靠得很近会改变俯卧撑的杠杆平衡一样，让两手贴近臀部会使练习变得更加困难。手放得越贴近臀部，练习难度就越大。在这种俯卧撑的变体练习中，手要一直贴近臀部。如果你的灵活度不足以将手伸得靠近臀部，那么练习将手腕翻转放在身体两侧或者朝后。你甚至可以试着将手的虎口紧贴地面。当做伪水平支撑式俯卧撑时，尽可能地由手臂承担身体的重量。

如果你没法将手伸得足够靠近身体下方，那么就试着用别的手的姿势。

水平支撑式俯卧撑

水平支撑式俯卧撑是高水平的体操运动员最喜欢的运动之一。水平支撑式俯卧撑是体操中水平支撑的变体，指的是只用双手支撑保持身体在地面上方张开。就像是悬浮在空中的俯卧撑！如果人们是第一次看到有人表演这项运动，通常都会感到震惊。

体操运动员在做水平支撑时，手臂全程都会保持肘部锁紧。水平支撑式俯卧撑和常规俯卧撑一样下沉身体与撑起身体，只不过双脚不能挨地。这比只保持悬空的水平支撑姿势难度要小些。因为你可以选择肘部弯曲的角度，你掌握着这种平衡。理想的水平支撑式俯卧撑，身体会保持完全笔直，尽管在实际练习中，背部出现弓起和膝部发生弯曲也很正常。

你也可以将双手放到身体两侧来做水平支撑式俯卧撑。

增强式俯卧撑

“增强式”这个术语是爆发运动的一种非常好的说法。只要你悬空运动，就是一种增强式运动。常见的增强式运动有跳跃（下一章会详细讲到），你也可以用手臂悬空。

有很多类型的增强式俯卧撑，你得非常强壮才能做这些运动。最常见的增强式俯卧撑就是空中击掌式俯卧撑。

空中击掌式俯卧撑在俯卧撑的最高点悬空击掌，然后在脸着地前双手撑住地面。为了以防万一，你还是要在开始练习时选择柔软的地面。同样要记住承受住击掌后身体下降时的冲击力，避免落地时肘部动作拉伸变形。

当做增强式俯卧撑时，要做得尽可能具有爆发力。在挺身过程中应尽可能抬高身体脱离地面。速度是击掌俯卧撑的关键，将身体抬高可以让你完成背后击掌、两次击掌或者超人式俯卧撑。

第 5 章 深蹲进阶训练

基础版的深蹲是一项神奇的运动，经过足够训练之后，你就可以连续做几百个。与之不同的是，基础版的俯卧撑对于最强壮的人来说一般能做 50 个或者以上，再做就很有挑战了。理论上说，如果你有毅力能扛得住不适感，可以不停地做自重深蹲而不会有肌肉疲乏的问题。人类的腿要比胳膊能承担更大的工作量，不是吗？即使在恢复日，你也要用腿来四处走动。

窄距式深蹲

和俯卧撑一样，并拢双脚可以增加深蹲的难度。理想的状态下，做窄距式深蹲要一直保持两脚和膝盖并拢，直到股后肌群紧压到小腿上。如果这些动作做到位了，是一种很好的主动拉伸方式，也是一种重要的核心训练。和刚开始做标准深蹲一样，开始练习两脚并拢深蹲时也可以在身后用长凳辅助来增大动作幅度。你也可以从两脚与肩同宽的站姿开始练起，逐渐缩短两脚之间的距离，直至脚跟并拢深蹲。

理想的状态下，做窄距式深蹲要一直保持两脚和膝盖并拢，直到股后肌群紧压到小腿上。

保加利亚劈叉式深蹲

调整身体的杠杆是改变自重训练强度的关键所在。在做劈叉式深蹲时通过抬起劈叉时的后脚，你改变了身体的杠杆结构，不仅主动拉伸了髋部屈肌，也拉伸了抬起的那条腿的股四头肌，还有弯曲腿的股后肌群。要确保在整个过程中你的姿势足够低，这样就能保证前脚的脚跟一直贴着地面。因为你自己的大部分体重由前腿承担，保加利亚劈叉式深蹲是单腿深蹲最好的入门练习。和正常的劈叉式深蹲一样，做保加利亚劈叉式深蹲时要保持躯干笔直。

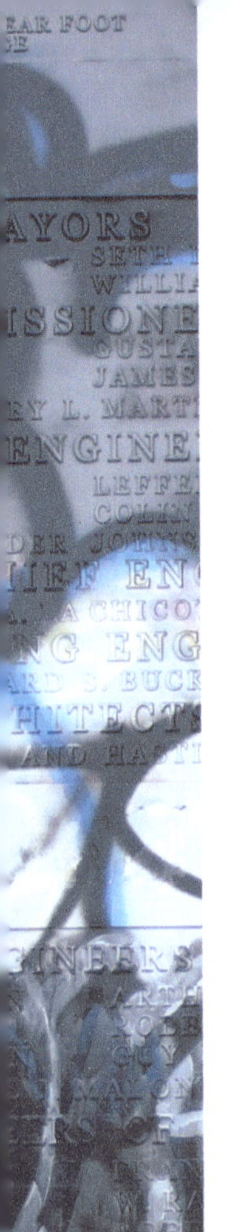

侧边深蹲

侧边深蹲又叫作哥萨克深蹲，是对身体力量和稳定性的一种挑战，也是一种效果极好的主动拉伸动作。因为用一条腿承担了几乎所有的体重，侧边深蹲也是单腿深蹲的有益预备练习。

开始时呈两腿间距尽可能大的深蹲姿势，脚尖朝外。慢慢地将体重转移至左脚，同时弯曲臀部和左膝。右腿保持笔直，脚跟着地，脚尖朝上。当身体降至最低时，你应该能感觉到腹股沟处得到拉伸。你越能保持伸直腿的脚趾朝上，你就越能用另一条腿蹲得更深。同其他深蹲一样，你的目标应该是在保持动作不变形的前提下蹲得更深。保持腹肌紧张，向身体正前方伸直手臂来保持平衡。保持深蹲腿的脚跟一直贴地。当起身时，用脚跟发力带动臀大肌。

侧边深蹲本质上相当于是锻炼下肢的弓箭手俯卧撑。由于臀关节的特性，侧边深蹲更多地考验的是身体的灵活性。同弓箭手俯卧撑一样，我喜欢交替用左右腿来做这种深蹲，但如果你想加强训练一条腿也可以只用这条腿来做练习。

侧边深蹲本质上相当于是锻炼下肢的弓箭手俯卧撑。

抱膝跳

增强式深蹲可以打造出拥有巨大力量的腿部，同时也能给你带来疾跑一般的心血管反应。20 个爆发式的抱膝跳则会让任何人的心脏狂跳不止。就是在这里写下这句话都让我脉搏数陡增！

当你做抱膝跳（或者其他跳跃深蹲）时，不需要一直蹲到最深。这是一种我认为可以只在局部范围内运动的深蹲。做动作时只要蹲下几厘米，尽可能跳得高，跳起时膝盖收拢贴向胸部即可。尽管腿部看起来承担了大部分的动作，但其实抱膝跳是一项全身运动，它用胳膊来获得动能。记得脚部轻轻落地，同时避免降落时膝盖紧绷。

20 个爆发式的抱膝跳则会让任何人的心脏狂跳不止。

跳箱

跳箱是另一种很棒的下肢增强式运动。它和抱膝跳很像，只不过你是跳上箱子或者其他物体，而不是空跳。（事实上，这项运动除了台阶并不需要其他物体，如果你确实没什么物体可以跳上去，那么就空跳好了。）和抱膝跳一样，落地时轻柔些，以减少对关节的冲击。

箭步跳

箭步跳是我喜欢的腿部运动之一。你肯定不希望腿部常规训练变得太常规，就像生活中的其他事情一样，常规化就会很无趣。

箭步跳的初始动作是降低身体呈劈叉式深蹲，然后起跳并跳至最高，膝盖弯曲轻轻落地。连续做几个，然后换腿再做。

踏圈箭步跳是更高阶的箭步跳。初始动作就是静止的箭步姿势，但你一旦跳起来就要在降落前快速倒腿。可在每组练习中练习倒腿动作。你可以挥动双臂来获得动能，也可以将双臂放在身体两侧。要想降落时不失去平衡，需要练习一阵子。

你可以挥动双臂来获得动能，也可以将双臂放在身体两侧。

跳远

另一种有趣的增强式深蹲的变体就是跳远。跳远和抱膝跳的实质一样，只不过你是向前跳，而不是向上跳。跳的过程中你同样需要将腿抬高，这样会让你跳得更远。跳起后让腿摇摆并不符合空气动力学。你需要很大的空间来练习跳远，我推荐公园或者操场。

第 6 章
完全倒立

真正掌握了自重训练意味着你可以以任何姿势不失风度地控制自己的肌肉。完全倒立不需要任何器械，打开了自重训练的新天地。重力只在一个方向上起作用，偶尔以头脚颠倒的方式利用重力来锻炼肌肉也很好。

我们之前已经讲到过后倒成桥，它可能算是锻炼力量和灵活性的最重要的倒立了。双脚离地的倒立则对锻炼本体感受意识、平衡和核心力量至关重要。倒立对身体循环系统也有好处。有很多种不同类型的倒立，我只讲对锻炼力量、身体意识和身体姿势最有用的类型。

除了体能上的挑战外，初学者在心理上往往承受不住完全倒立的巨大冲击。第一次头脚上下颠倒会让人害怕！克服这种恐惧心理需要强大的能力。但是一旦掌握了倒立，你会增加自信，这种自信也会影响你生活的方方面面。明确这一点，听从你的身体，慢慢训练。

肩肘倒立

肩肘倒立是最基础的倒立，也是大多数人最容易学会的倒立。首先仰卧在地面上，然后抬起双腿贴近胸部，接着抬高臀部使其离地。你需要抓住下背部，慢慢摇晃身体至直立姿势。这时颈部后侧会得到大的拉伸，如果感到疼痛，就不要硬来。深呼吸慢慢把动作做到位，舒展全身，同时收紧腹肌、伸展双腿。刚开始不容易做到完全笔直的肩部头倒立。但是经过训练，这项运动最终会变得相对容易做到位。

三脚架式倒立

一旦掌握了三脚架式倒立，你很快就会掌握头倒立。练习时，膝部跪地，两手手掌着地置于肩下。头部在距手几厘米的前方以头顶而不是后脑或前额贴地。踮起脚尖，接着慢慢抬起双脚和膝盖，将膝盖放在胳膊的后侧。

当你做肩部倒立时，身体与地面有 5 个支点：两个肘关节、两个肩部和脑袋后侧（我想还有胳膊的后侧）。三脚架式倒立与地面有 3 个支点：头顶和双手（这就是叫作三脚架式倒立的原因）。做这个动作时一些人要适应上下颠倒的姿势，尽管如此，我仍认为三脚架式倒立是初学者的练习项目。如果你担心头脚颠倒，那问题可能在脑袋。

三脚架式倒立与地面有 3 个支点：头顶和双手。

团身头手倒立

对大多数人来说，团身头手倒立是最容易做的倒立类型。从三脚架式倒立姿势开始，抬起臀部使其位于肩部正上方。接着抬起膝盖，使其离开胳膊后侧，将腿伸向空中。开始练习时节奏要慢，如果担心翻倒的话，你可以背部倚一面墙来练习。经过练习，你就能够不需要先把腿放在胳膊后侧，而是能直接将动作做到位。这时将腿分开有利于找到平衡。

如果担心翻倒的话，你可以背部倚一面墙来练习。

肘部头倒立

掌握了团身头手倒立动作后，你可以试着做肘部头倒立，这也是一种常见的训练项目。一些人认为肘部头倒立要比团身头手倒立容易，但其实肘部头倒立要更难，因为你要把手放在头后面而不是前面，用前臂和肘部支撑身体的重量。这种练习方式，你不可能先将腿放在胳膊上，也没有太多的空间来伸开腿保持平衡。如果你灵活性好的话，试着摆姿势的时候一次抬起一条腿，慢慢抬两次；要不就是弯曲膝盖向上蹬起双腿。两种方式保持平衡的关键都在于要让臀部位于肩膀的正上方的中间位置。

保持平衡的关键都在于要让臀部位于肩膀的正上方的中间位置。

手腕头倒立

当你能够长时间（至少 1 分钟）保持基本的头倒立姿势以后，你就可以试着练习手腕头倒立，要以手腕的背部（还有头）为支撑获得平衡，同时手臂伸向身体的前方。刚开始练习时，初始动作可以是三脚架式头倒立或者肘部头倒立，然后慢慢一次伸出一只胳膊。高阶练习者可以从手腕和头部发力直接变成完全头倒立。

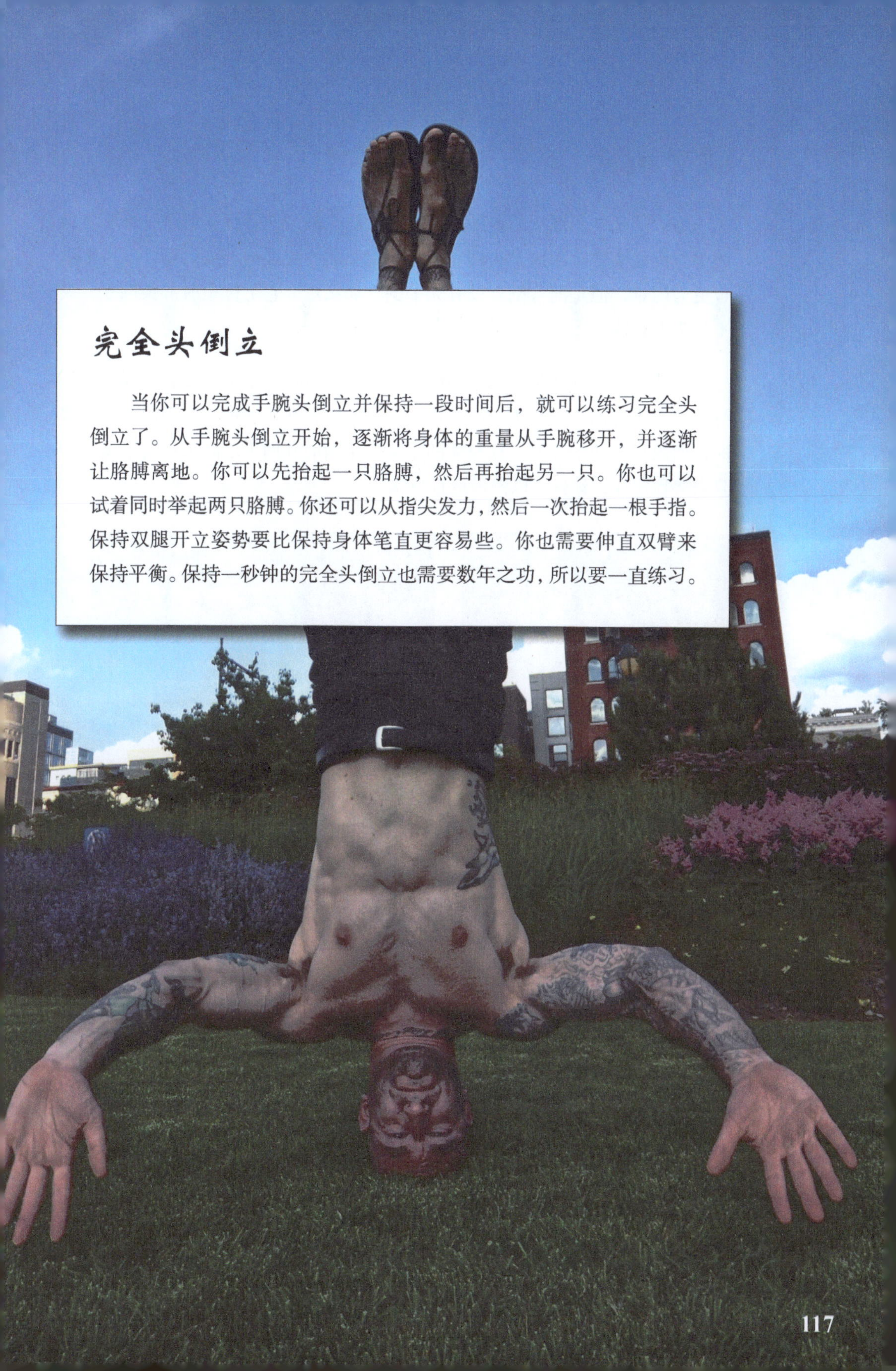

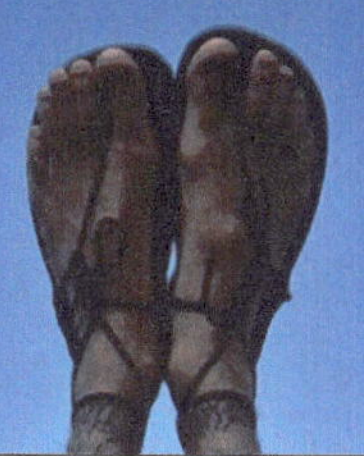

完全头倒立

当你可以完成手腕头倒立并保持一段时间后，就可以练习完全头倒立了。从手腕头倒立开始，逐渐将身体的重量从手腕移开，并逐渐让胳膊离地。你可以先抬起一只胳膊，然后再抬起另一只。你也可以试着同时举起两只胳膊。你还可以从指尖发力，然后一次抬起一根手指。保持双腿开立姿势要比保持身体笔直更容易些。你也需要伸直双臂来保持平衡。保持一秒钟的完全头倒立也需要数年之功，所以要一直练习。

前臂倒立

练会了基本头倒立的各种变体以后，对你来说前臂倒立就是一个非常棒的中阶倒立姿势。相比于头倒立，前臂倒立需要更强的上肢力量，保持平衡也更为困难，但是前臂倒立没有无手倒立那么难。它更像是肘部头倒立，只不过头不着地。

我建议初始动作是膝部下蹲跪地，前臂平行放在地上。接着蹬起双腿使身体垂直于地面。开始练习时可以找人辅助或者在墙前练习。当踢腿摆姿势时，两眼目视两手之间，让身体的重量位于两肘和两手之间来保持平衡。一旦姿势稳定住，你就可以慢慢挺直身体。

蝎子式倒立

传统的前臂倒立的目标是要保持身体的笔直，而蝎子式倒立的目标是在用前臂保持平衡的前提下使身体呈弓形。这个动作很像结合了前臂倒立和后倒成桥两个动作而成。

要做蝎子式倒立，需弯曲膝盖，压缩脊柱，转移身体重心防止翻倒。一些人会认为蝎子式倒立要比前臂倒立做起来容易，另一些人则认为在背部弓起的情况下要想保持平衡很有挑战。我们每个人都有自己的强项和弱项。

一些人会认为蝎子式倒立要比前臂倒立做起来容易，另一些人则认为在背部弓起的情况下要想保持平衡很有挑战。

蛙式倒立

决定各种头倒立、前臂倒立和手倒立动作难度的两大因素是身体支点的数量与身体的姿势。蛙式倒立又名乌鸦式，只允许你的身体和地面有两个小的支点——那就是你的双手。身体收缩的姿势要比头倒立或者前臂倒立更好控制。正是基于这个原因，蛙式倒立要比前臂倒立或者蝎子式倒立更容易学，尽管后两种姿势和地面有更多的接触。

要练习蛙式倒立，你要先摆出深蹲姿势，然后将手放在地面上，与肩膀垂直。弯曲肘部，踮起脚尖撑起身体，然后把膝盖放到胳膊后侧。就像是用三头肌做了一个架子把腿放上去一样。保持腹肌紧张，手和手指要紧紧抓住地面。在使身体上升摆成最终姿势的过程中，眼睛要看身体的前方而不是低头看地面。

练习蛙式倒立时，可以从深弯肘部开始。经过练习，你可以伸直胳膊，将臀部抬得更高。这一练习将会让你最终练成手倒立。

随意选择在大炮上练习。

手倒立

手倒立是倒立的终极版本。只有少数运动会像手倒立一样需要人动作的精确、优雅和全身力量。和其他倒立一样，倚墙练习是一个不错的方式。但是无依靠手倒立才是真正的挑战。如果你想真正掌握自重训练的内容，那么无依靠手倒立是必备技能。

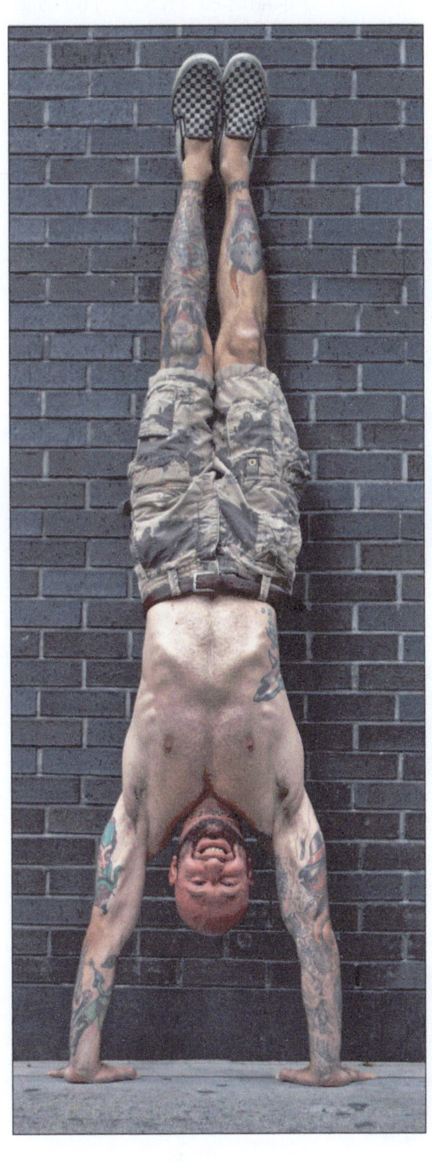

踢腿腾空成手倒立

如果你要通过踢腿腾空来完成手倒立，要牢记全程保持肘关节姿势不变。我见过相当数量的初学者在第一次练习踢腿腾空时头着地摔着了，只是因为他们的胳膊弯曲了一点点。这项运动中绷直的胳膊要比弯曲一点的胳膊更强壮。

靠墙练习手倒立时的踢腿腾空，离墙有一点距离可以让身体呈弓形。初始阶段这样练习手倒立容易些。通过这项练习你的背会更直。多次练习后你可以试着将脚从墙上拿开。对不同的人来说这要花不同的时间。如果你勤奋练习，最终定能够达到训练目标，但是不要指望能够速成。

如果你要通过踢腿腾空来完成手倒立，要牢记全程保持肘关节姿势不变。

驴踢式腾空成手倒立

驴踢式腾空成手倒立是另一种通过踢腿腾空做成手倒立的方式。这种练习的初始动作很像俯冲轰炸机式俯卧撑的最高位置。接着弯曲腿部跳起，双脚和臀部齐高，膝部收缩贴近躯干。然后就向空中伸展双腿。牢记使臀部位于双手的正上方。臀部控制了身体其余部分的运动方向。

在伸展双腿之前，先将臀部置于双手正上方。

面壁手倒立

尽管我建议初学者最开始练习手倒立时脸不朝向墙，但是一旦你掌握了手倒立，脸朝墙手倒立也是一种很值得练习的方式。这种方式的手倒立相比踢腿腾空式对力量要求更高，但对找准倒立姿势很有帮助。

脚靠墙做出俯卧撑姿势，然后"走"上墙，直到呈倒立姿势。让手尽可能地贴近墙，同时胸部尽量离墙远些。初学者离墙 13~16 厘米，但训练的最终目标是把这个距离控制在 3~5 厘米。尽可能地伸展脊柱使身体笔直，你可能会感觉到肩膀和上背部得到了拉伸。收紧腿和臀大肌来保持整个身体的笔直。我希望你在做倒立俯卧撑时不要耸肩，但在手倒立俯卧撑的最高位置耸肩可以伸展身体，使胳膊一直位于肩膀下方。如果你的上肢肌肉紧绷的话，面壁手倒立是个不错的拉伸方法。

做面壁手倒立时不要让肘部滑向身体两侧，控制肘部的前后摆动。这会使胳膊的姿势完全不动，充分利用骨架。就像站着的时候需要用腿来承重一样，做手倒立时，你需要用手来承担一些重量。努力用胳膊撑起身体远离地面，以此来达到伸展身体的目的。

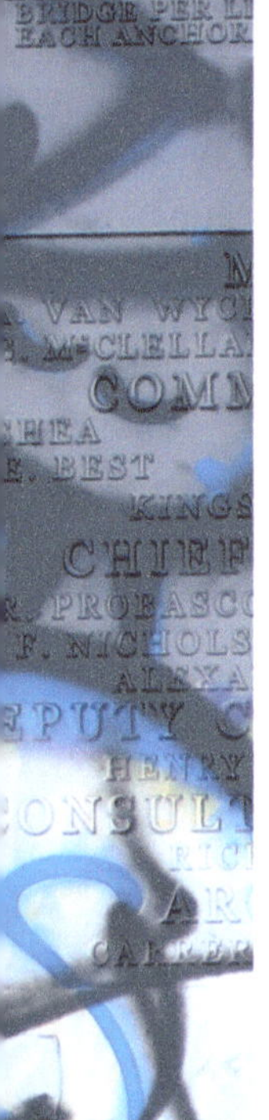

慢起手倒立

慢起手倒立难度更大。这项运动有不同的训练方法。最简单的方法就是从蛙式倒立姿势开始，用肩膀和手支撑身体按压地面，同时向上伸展双腿。如果单凭胳膊的力量不够，无法开始动作，那么可以轻轻蹬腿来获得动能。别蹬得太用力，不然你会翻倒。

你也可以弯腰发力抬起双脚，将手放在地上让手掌来承担身体的重量。有人认为这种方式要比从蛙式倒立做起容易，有的人则认为这种方式更有难度。这要依据个人情况而定。也可以从两脚与肩同宽的站姿或者两腿跨立站姿开始。两脚离得越近，对身体的灵活性要求越高。如果需要，肘部也可以弯曲一些。尽管胳膊弯曲需要更多的上肢力量，但对于那些臀部和肩部缺乏灵活性以致不能以直臂开始练习的人来说，这种方法还是有效的。

不管用哪种办法，在将腿部和臀部抬高到双手以上位置时，你都需要紧抓地面，让核心肌群充分参与。和驴踢式倒立一样，臀部在整个运动过程中都要位于肩膀上方，这样的身体姿势才合适。

1

2

4
3

初学者会认为背弓起来比较好做手倒立。

试着做一下双手靠近的手倒立，把它当作额外的挑战。

APPROACHES
OF BRIDGE
OF EACH
SHEA
E. BEST
DEPUTY

第7章 单臂俯卧撑

单臂俯卧撑是世界上最棒的运动之一。它能展示一个人的全身力量和控制能力，也能奇迹般地增加俯卧撑的动作数量。单臂俯卧撑是易于改编极易衍生出变体的运动。单臂俯卧撑有很多种花样，也有很多种训练方法。

只有在熟练掌握了各种类型的标准俯卧撑（见第4章）之后，你才能开始练习单臂俯卧撑。你还需要掌握单臂俯卧撑的热身练习窄距式俯卧撑。在开始做一个单臂俯卧撑之前，我建议你最好能连续做30个钻石俯卧撑或者箭头俯卧撑。

应当注意的是，单臂俯卧撑的形式和标准的两臂俯卧撑略有不同。两腿之间的距离要比常规俯卧撑的距离大，你的手应垂直放在身体下方，而不是放在身体一侧。3个支点（脚、手、脚）呈三角形。通常来说，两脚之间的距离越近，练习的难度就越大。开始时将两脚放得间距大些，先掌握这种练习模式。最终你可以试着缩短两脚之间的距离。

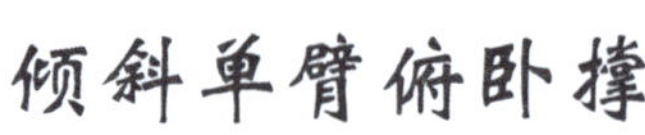

倾斜单臂俯卧撑

我推荐的很多练习倾斜单臂俯卧撑的方法和我推荐的练习双臂俯卧撑的方法一样。我最喜欢把倾斜俯卧撑介绍给俯卧撑练习的新手。找准角度，你可以更好地发力；既可以获得做单臂俯卧撑的最佳感觉，同时也能使关节适应这项运动。

找准角度，你可以更好地发力；既可以获得做单臂俯卧撑的最佳感觉，同时也能使关节适应这项运动。

L7 式俯卧撑

L7 式俯卧撑不仅是单臂俯卧撑的进阶练习，也是窄距式手腕俯卧撑的入门练习。L7 式俯卧撑和钻石俯卧撑的关系正如正反手俯卧撑和常规俯卧撑的关系一样，前者都是在后者基础上增加了难度。做 L7 式俯卧撑时其中一只胳膊以手背而不是手掌为支撑。如果做这种俯卧撑时右手翻过来，你的手指看起来就像是字母 L 和数字 7。正因为由手背承担太多重量会引起不适，所以建议做这项运动时让手掌着地的手承担更多的重量。手掌着地的手主要负责承担重量，而手背着地的手主要负责维持动作的稳定。

L7 式俯卧撑和钻石俯卧撑的关系正如正反手俯卧撑和常规俯卧撑的关系一样，前者都是在后者基础上增加了难度。

自助式单臂俯卧撑

自助式单臂俯卧撑是将不起主要支撑作用的那只手臂伸向身体的一侧，并将它放在高出地面的物体上，如岩石、砖块或者健身实心球上。同样，支撑的手臂起主要作用，而伸出的手臂则起辅助作用。这项练习可帮助你掌握做完全单臂俯卧撑时躯干的正确姿势。尽管身体不可避免地会有小幅度的摆动，但在整个运动过程中，应当尽可能地使上身和地面平行。

这项运动很像弓形俯卧撑，但因为一只手臂被抬高，自助式单臂俯卧撑每次只练习一只手臂。做弓形俯卧撑时身体可能会左右摇摆，但做自助式单臂俯卧撑时应尽可能保持动作的垂直稳定。

支撑的手臂起主要作用，而伸出的手臂则起辅助作用。

下沉训练

进行下沉训练是掌握单臂俯卧撑的一种手段，它能够帮助你从神经学角度来掌握这项运动。大脑有着神奇的学习方式。力量的大小不仅仅和肌肉本身有关，也和你是否知道如何使用肌肉有关。

摆出单臂俯卧撑的撑起姿势，绷紧全身开始慢慢下沉身体，在此过程中保持对身体的控制。记得将肘部紧贴身体。下沉到最低时用双臂将身体撑起。然后继续用单臂进行下沉训练。刚开始时你的身体会迅速下沉，但很快你就能很好地控制住身体。

尽管身体不可避免地会有小幅度的摆动，但在整个运动过程中，应当尽可能地使上身和地面平行。

单臂俯卧撑

“单臂俯卧撑”这个术语可能会让人误解，因为没有全身的参与做不了任何类型的俯卧撑。如果不收紧臀部、腿部、腹肌和臀大肌，你绝不可能做出一个正确的单臂俯卧撑动作。

标准的单臂俯卧撑动作两脚要分开。

确保支撑手臂贴近身体。同钻石俯卧撑和窄距式俯卧撑一样，在俯卧撑下沉和撑起的过程中，支撑手臂会轻轻擦过你的身体。另一只手臂可以紧贴身体，也可以放到后背上。

标准的单臂俯卧撑动作两脚要分开。尽管有人会说这样并不标准，但两脚是否分开是检验单臂俯卧撑动作是否标准的试金石。在身体下沉的时候，躯干和地面要保持平行，肘部紧贴躯干，臀部缓慢下沉靠近发力的支撑手臂来保持平衡。

两脚紧挨的单臂俯卧撑做起来要更困难。但是身体如果不弯曲到一侧就很难起身，所以这种方式并不是很好的训练方法。如果运动中你的臀部偏向一侧，那么你肯定会采用两脚分开的方式缩小运动幅度。

指尖式、指关节式、手背式单臂俯卧撑

相比于标准的单臂俯卧撑，标题中所指的这些单臂俯卧撑难就难在全身的重量要靠指尖、指关节和一只手的手背来支撑。我建议你在能做至少 30 个同类型的双臂俯卧撑或者能连续做几个以手掌为支撑的单臂俯卧撑以后再开始做相应的单臂俯卧撑。练习的场地可能会影响你的舒适度。因此除非你能在柔软的表面上熟练地完成这些动作，否则不建议在坚硬的地面上练习。

除非你能在柔软的表面上熟练地完成这些动作，否则不建议在坚硬的地面上练习。

单腿单臂俯卧撑

如果你能干净利落地做几个单臂俯卧撑，那么抬起支撑臂相反方向的腿不需要过多的练习。一只脚离地之后，你仍然想让两脚分开来保持平衡。伸出非支撑手臂对保持平衡有帮助。这个动作对于交叉稳定能力的要求要比标准的单臂俯卧撑高。多加练习你会有很大提高。做这项练习时记得使用相反的上下肢（右臂左腿或者左臂右腿）。

做这项练习时记得使用相反的上下肢（右臂左腿或者左臂右腿）。

增强式单臂俯卧撑

如果你能够做足够多的单臂俯卧撑，最终你可以强壮到身体滞空一下。同进行任何增强式练习一样，应充分体会练习中的下沉阶段，避免下沉时手臂完全锁紧。

掌握了增强式俯卧撑以后，你可以试着以掌击胸，或者在空中挥手。我建议在至少能完成连续 5 个单臂俯卧撑以后再做增强式练习。

我建议在至少能完成连续 5 个单臂俯卧撑以后再做增强式练习。

终极（完美的）单臂俯卧撑

理论上来说，全程都双脚并拢、身体笔直的终极单臂俯卧撑是所有俯卧撑里最难的。这时你和地面只有两个支点，而两脚分开的单臂俯卧撑有 3 个支点。相比之下单腿单臂俯卧撑太容易了，因为终极单臂俯卧撑没有伸向空中的腿来保持平衡。

为了平衡两脚并拢时臀部的位置移动，做一次终极单臂俯卧撑所需的核心力量和维持平衡的力要比支撑臂撑起身体所需的力大。这真的算得上是终极单臂俯卧撑！

你和地面只有两个支点，而两脚分开的单臂俯卧撑有 3 个支点。相比之下单腿单臂俯卧撑太容易了，因为终极单臂俯卧撑没有伸向空中的腿来保持平衡。

不存在完美的单臂俯卧撑

完美的单臂俯卧撑是一种遥不可及的理想练习方式。没有文献记载有人做到过完美的身体笔直双脚并拢的单臂俯卧撑，我对这种事情也不抱期望，完美是种幻想。从来没有完美的单臂俯卧撑，但是我们训练时有这种理想还是有好处的。这种理想鼓舞着我们不断努力。但如果这种理想给了我们错误的期望，也会困扰我们。完美的单臂俯卧撑更多是一种主观认识。锻炼身体和保持健美要比任何一种完美动作更有意义，迷恋完美会阻碍进步。把两脚分开进行训练，增加单臂俯卧撑的组数要比试着练习一组纯理论上的动作更实际一些。另外，能干净利落地做一个两脚分开的单臂俯卧撑，这本身就很有挑战。

完美是种幻想。从来没有完美的单臂俯卧撑，但是我们训练时有这种理想还是有好处的。

第 8 章
手枪深蹲

如果你做了很长时间的深蹲练习，那么即使是高阶的花样你都能玩得转。你仍然可以通过每组分为 3 次练习，可增加每次练习的次数来让自己变得更强壮。但你最好选择一个更难一点而练习次数少一些的运动。单腿深蹲就是最好的选择。它不需要增加重量和使用额外的器械就可以很好地加强下肢力量。

手枪深蹲是单腿深蹲的黄金动作，是少有的考验你身体力量、灵活性、平衡能力和协调能力的练习。它是一项难度极高的技能，需要练习、耐心和毅力才能掌握。练习手枪深蹲的前提是最好能做大量的全幅并腿深蹲。一旦掌握了全幅并腿深蹲，就可以练习一些简单的单腿深蹲，进而最终掌握手枪深蹲。先从简单的动作做起，慢慢来。初学者没有数月乃至数年的刻苦训练是不可能掌握手枪深蹲的。

单腿长凳深蹲

和新手开始练习双腿深蹲一样，练习无辅助的单腿深蹲也要先借助长凳来训练稳定性和平衡能力。抬起非深蹲的那条腿，然后向后坐到一个物体上，使膝盖弯曲成 90 度。开始练习的时候，蹲到最低处身体可能会失去控制，这不要紧。如果有需要就扑通一下坐在凳子上，然后收紧腹肌和全身肌肉，一边伸出手臂，一边向前倾斜站起来。

收紧腹肌和全身肌肉，一边伸出手臂，一边向前倾斜站起来。

单腿抬起深蹲

站在一个物体的上面进行单腿深蹲，下蹲的时候，你可以从物体一侧放下另一条腿。这样做使得整个练习更容易一些，因为它可以让你重点关注那条深蹲的腿，同时放松非深蹲的那条腿。也可以让非深蹲的那条腿伸直放在身前或者体后，这样比较容易保持平衡。当你能正确做几次单腿抬起深蹲动作后，可以试着降低物体的高度。理想情况下，你应找一个可以使非深蹲腿伸展而又恰好脚不落地的物体。

站在一个物体的上面进行单腿深蹲，下蹲的时候，你可以从物体一侧放下另一条腿。

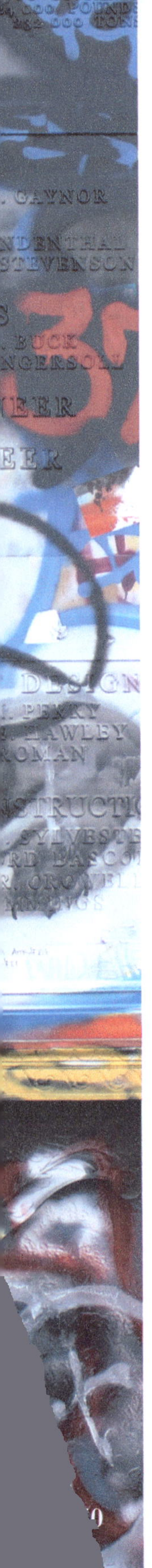

力量的平衡

保持平衡是做手枪深蹲动作的重要方面。人们在做手枪深蹲时存在的两个主要问题是缺乏力量和灵活性，通常是两者都缺乏（有些人明明是缺乏力量却自责灵活性不够）。有一种能测试你是否具有做手枪深蹲动作需要的灵活性的方法，那就是做辅助手枪深蹲（我简称为“辅助手枪”）。当你只有握着面前的东西（杆子、门框和悬挂设备等）才能深蹲到最低位置时，问题就不是身体不灵活这么简单了。

手枪深蹲神奇的地方在于它要求身体各部位的和谐。身体这一处僵硬，那么那一处就应当很强壮。如果你的腿部或者核心肌群有的部分僵硬些，有的部分薄弱些，那么你就做不了手枪深蹲。那些认为是身体灵活性不够阻碍了他们做深蹲的人们只看到了问题的一半。和后倒成桥一样，阻碍人们练成手枪深蹲动作的问题在于他们的肌肉是僵硬而不是强壮。伸展的那条腿的股四头肌和屈肌必须强壮到能够克服股后肌群和下背部的僵硬问题才能够笔直地伸向体前。在整个运动过程中，伸到前方的腿并不需要和地面绝对平行，但是脚跟全程绝对不能触地。为了避免触地，腹肌也要足够强壮才能稳定住骨盆。

理论上，能够背负一个相当于自身体重的杠铃进行全幅深蹲的人可以做手枪深蹲。实际上，这种情况很少见。手枪深蹲需要的核心力量和协调能力是非常独特的，需要专项训练。和其他人一样，我曾经也花了不少时间不断实践来学习这个动作的运动机理。如果你觉得我做起手枪深蹲来比较容易的话，那是因为我已经练习了 10 多年。

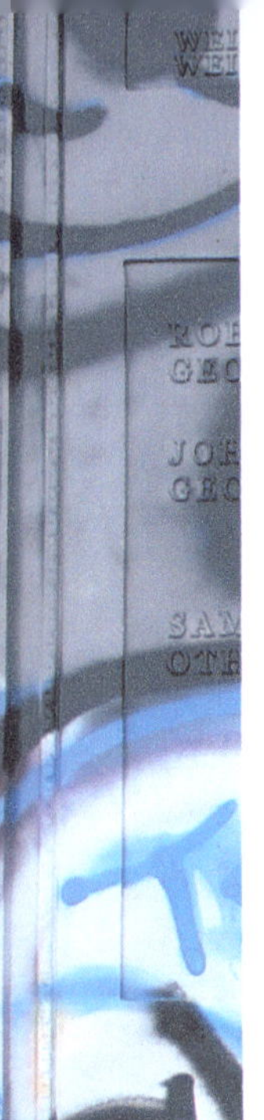

全身紧张起来

如果你还不明白的话，我来告诉你，自重训练的关键是把全身作为一个团结的整体。对手枪深蹲而言更是这样——你要使出全部的劲儿！

初学者在做手枪深蹲的时候他们伸展的那条腿会痉挛。这种现象很常见，所以要确保发挥股四头肌的作用，让全身都参与到这项练习中。你也许会试着在胸前伸直双臂、两手并拢来获得额外的全身紧张感（可以选择将食指伸出做成手枪状）。另一些人则喜欢双手分开。不管哪种方式，在起立的过程中，收紧腹肌，就好像有人在你肚子上打了一拳。

同伴辅助手枪深蹲

当你快要做成一次标准的手枪深蹲的时候，让一个训练伙伴帮助你克服手枪深蹲的动作难点是个好方法。和训练伙伴拉住手，在蹲起的过程中利用对方来使自己稳定（如果你起不来对方还可以扶你一下）。如果你的训练伙伴能够自己做手枪深蹲，让他带着你按你的节奏一起做。如果他不会的话，可以让他站着在你蹲起的过程中扶着你。

平衡物

手枪深蹲是少见的可以通过增加重量来降低训练难度的运动。在胸前手持哑铃或者壶铃可以帮助你身体前倾来抵消臀部后移的重量，以此保持身体的平衡。这就好像是请同伴在训练过程中帮助你一样。开始时选择的重量为4~7千克，然后逐渐减轻重量。最终不依赖平衡物。

手枪深蹲是少见的可以通过增加重量来降低训练难度的运动。

抬起脚跟

另一种让手枪深蹲动作难度降低的办法就是让深蹲腿的脚跟站在略高于（3厘米左右）地面的地方。穿一只带跟的鞋是最容易做到的办法，也可以在平底鞋下面垫东西。这个在杠杆上的细微变动会使手枪深蹲动作的难度显著降低。

尽管对一些快要掌握手枪深蹲动作的人来说抬高脚跟很有用，但我对于这种方法喜忧参半：如果脚跟位置过高，那么膝盖处于一个折衷的位置，练习次数会增多。应当将脚跟的高度控制在3厘米或低于3厘米，训练次数要少。这种方法是做手枪深蹲的真正入门练习，而不能将它作为手枪深蹲的替代训练。最终的训练目的是在平地上、脚跟不垫高的情况下做手枪深蹲。

和平衡物训练中逐渐减轻所持重量一样，应当逐渐降低脚跟的高度，避免造成依赖。在做手枪深蹲时抬起脚跟是个坏习惯，不要总是用这个技巧，不然你不会有进步。

穿上一只带跟的鞋会让手枪深蹲动作的难度降低。

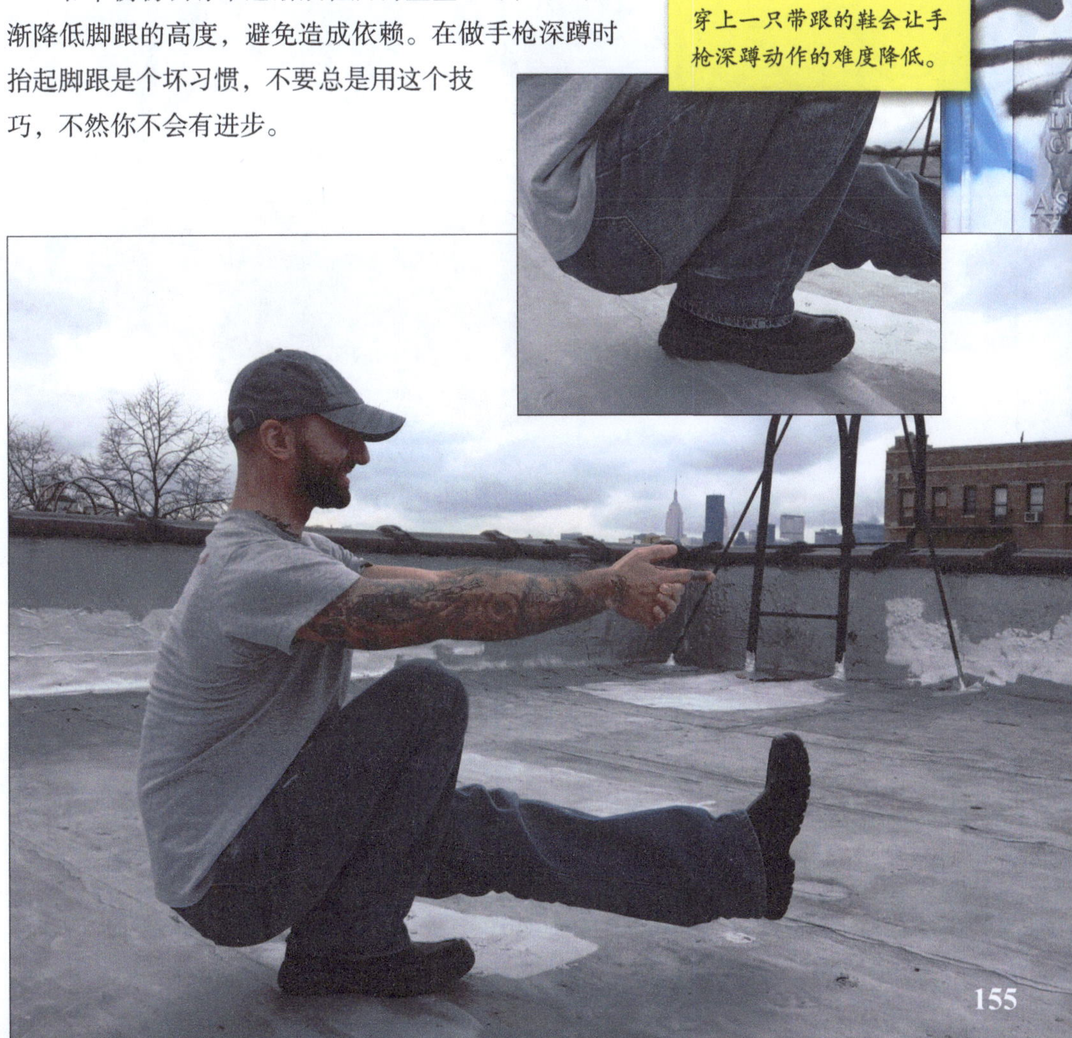

交替腿手枪深蹲

这项训练的设计旨在帮助人们在手枪深蹲到最低处时保持平衡。如果你就快做成手枪深蹲了，但正在苦苦训练蹲到最低处的平衡问题的话，练习交替腿手枪深蹲吧！这会帮助你做成第一个规范的手枪深蹲动作。

初始动作是两膝分开的深蹲姿势，然后抬起右脚，快速用右手着地替代原来右腿的支撑作用，将右腿伸向左手的方向。最终你会处于手枪深蹲时的

最低点，只不过有一只手承担了你身体的部分重量。接着，将刚才的动作逆向做一遍，回到初始位置，开始练习左手和左腿。

练习一阵儿后，你可以试着不用手来承担身体重量，因为在手枪深蹲的最低点你还有一只脚来保持平衡。当你收紧腹肌、收缩伸展的那条腿时，要同时一直向前伸手。初次练习时为了防止一屁股坐下，你的背可能会弯得很厉害。同样记得从踝关节开始尽可能地弯曲深蹲腿。千万别忘了脚跟要一直着地。

保持动作

另一个帮助你完成自己的第一个手枪深蹲动作的技巧是进行缓慢的下蹲练习，在下蹲过程中的关键过渡位置做简单的静力保持。当下蹲到 1/4 位置时保持不动，慢慢倒数 3 个数。下蹲到一半和 3/4 处同样保持不动，倒数 3 个数。最终从倒数 3 个数变成倒数 5 个数。你能做到这些的时候，你的第一个手枪深蹲动作也就快做成了。

2

3

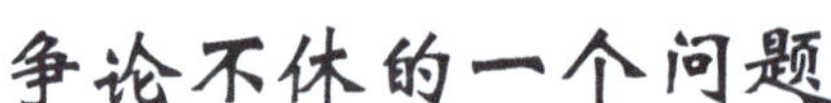

争论不休的一个问题

一些人对手枪深蹲有争议，认为实际上要做手枪深蹲就不得不牺牲中立脊柱位。许多人都对下背部有种偏执的认识，但就像我曾经说的，脊柱本身是可以弯曲和延展的。

如果你做的是背部负重深蹲，那么你需要保持中立脊柱位。但是在做手枪深蹲的时候，你的脊柱并没有负重，腰部弯曲不算个事儿。减小腰部弯曲幅度会使这项练习更有挑战性（最终可以增强力量）。另外，收紧腹部，从腹腔内部发力可以在手枪深蹲运动中进一步地保护和稳定脊柱。

如同完美的单臂俯卧撑一样，保持中立脊柱位的完美手枪深蹲也应是你在做这项运动时需要铭记在心的完美版本。但是这也只是理想化的想法而已。就像做两脚并拢单臂俯卧撑时臀部会不可避免地移向一侧一样，做手枪深蹲时下背部也难免会弯曲一下。

膝盖和脚趾

在我向人们介绍手枪深蹲时，人们经常关心的另一大问题是膝盖的安全问题。资深的健美体操运动员有可能受伤，而各种类型的体育活动都有可能使人受伤。运动越高级，人们受伤的风险就越大。

不管你是举重、做健美体操，还是进行铁人三项运动（这些都是我做过的运动），避免受伤的关键都是同样的 3 点内容：坚持训练、循序渐进以及尊重你的身体。

只要你能以正确的方式训练，没有准备好时不尝试更难的动作，保持运动适量，你是可以在不损害关节的情况下逐渐做到手枪深蹲的，并把它变成日常训练的常规部分。事实上，你的臀部、膝盖和踝关节通过这种日常训练会变得更强壮更结实。

力量训练可以使结缔组织更强韧，但比起对于肌肉的训练效果，力量训练对韧带、肌腱和软骨的起效要慢。要想进行高难度的训练需要长年累月的努力。你要不断逼近自身的极限，而你首先要承认极限的存在。不要在没有进行必要准备的情况下就练习完全手枪深蹲。

胳膊的位置

自重训练利用的是杠杆作用，有很多简单的方法可以使训练更简单或者更难。训练单臂俯卧撑时，你可以并拢双脚或者将两脚分开。想让手枪深蹲动作的难度提高，也可以逐渐把胳膊从放置在体前变为放在背后。

在学习手枪深蹲时，最好是将双臂向前伸展。这样在深蹲时可以使自身的重量分布得更均衡，使练习者更好地掌握平衡，也使各个肌肉处于有利的杠杆位置。你甚至可以用手扳住脚尖来保持平衡（这个动作有助于拉伸身体，对我们的身体有额外的好处）。

能做几个把双臂向前伸展的手枪深蹲动作以后，可以试着在做手枪深蹲时将双臂交叉于胸前或者两手交叉放于脑后，抑或更难一些——在背后双手击掌。

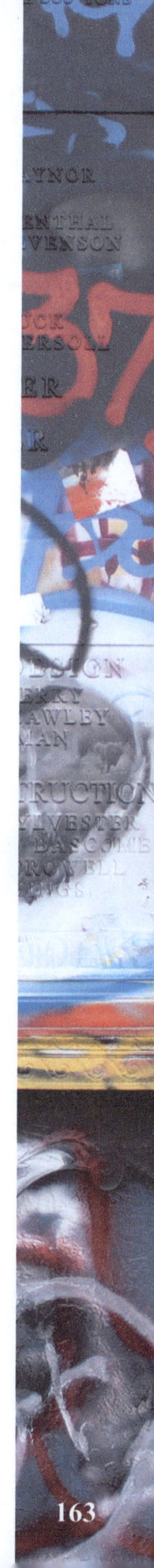

行进式手枪深蹲

左右腿都能做几个手枪深蹲后，那么对你而言，行进式手枪深蹲就是增加训练次数的一种极好的方式。行进式手枪深蹲相当于行进式的单腿箭步，通过行进中交替双腿使得每次训练时每条腿都能多休息一会儿。相比于一直用一条腿进行手枪深蹲，这样每组可以做更多次。如果你能用左右腿做很多次深蹲，那么行进式手枪深蹲对你来说就是很棒的有氧运动。此外，一些人认为行进动作产生的动能能辅助我们更好地掌握这项练习。

增强式手枪深蹲

你认为你的腿部肌肉很发达？那么挑战一下，在手枪深蹲动作的最高位置跳起来。你可以试着跳上一级台阶或者一个长凳。先选一个低一点的物体跳——毕竟这是个高难度动作——自己悠着点！

虾式深蹲

如果你认为手枪深蹲就是深蹲训练的最高境界，那你可就想错了。虾式深蹲这种极富挑战的单腿自重运动能让顶尖的深蹲练习者丧失锐气。

做虾式深蹲，初始动作是笔直站立，接着弯曲一条腿的膝盖，用手在身后抓住这条腿的脚踝（如果你想拉伸股四头肌的话）。然后慢慢下蹲，直到刚才弯曲的膝盖在深蹲腿后侧触地。下蹲时要尽可能地控制身体。初次练习者在蹲到最后几厘米时往往会摔倒（开始训练时请在柔软的地面上进行）。如果你觉得动作很难，那么不妨从刚才的动作起立。能够起立几次以后，你就能有控制地逐渐下蹲了。

和手枪深蹲一样，虾式深蹲中脚跟要一直着地，自由臂要伸向体前，平衡身体向后倒的力。

和手枪深蹲一样，虾式深蹲中脚跟要一直着地，自由臂要伸向体前，平衡身体向后倒的力。起立时胸部要前倾来防止后倒。

会做标准动作后，你可以尝试做难度更高的虾式深蹲，即用双手握住脚踝。从力学角度来说，你处于不利位置，你也不能用前伸手臂的方式获得平衡。你需要很强的腿部力量才能做一个高难度的虾式深蹲，当然这也需要核心力量。

起立时胸部要前倾防止后倒。

大虾式深蹲

你也可以通过在平台边上练习虾式深蹲来增加训练难度。与手枪深蹲抬起脚跟会降低练习难度不同，用这种方式来练习虾式深蹲会增大动作幅度，因为你弯曲的膝盖会低于深蹲腿的脚。

1

身体的灵活性也是完成这套动作需要克服的挑战。要使弯曲的膝盖低于平台面，你需要让膝盖前倾才行。

悬空箭步

虾式深蹲的另一挑战是身体的灵活性，你的股四头肌和髋部屈肌要足够灵活才能完成这一动作（特别是不用手的版本）。如果你正在刻苦练习这种运动，你可以试一个简单一点的，那就是让弯曲膝盖的那条腿悬空，看起来就像是箭步一样，但是你的后脚始终不触地。

如果你腿部很强壮，但是做不了手枪深蹲，问题可能出在核心力量上。尝试做手枪深蹲的人都知道这个动作的部分挑战在于不能使非深蹲的那条腿伸直且让其位于深蹲腿的前方。L形坐姿（直角支撑，更多关于直角支撑的内容详见附录A）可以让你练习利用核心力量辅助股四头肌和髋部屈肌让腿伸展的技巧。

第 9 章
整合训练

自重训练和负重力量训练二者都遵循渐进式超负荷理论。抛却训练形式不谈，要想锻炼得更强壮就要从少量的阻力开始，随着身体的适应逐步增大阻力。

负重力量训练中，在增加重量之前，可以先拿一个空的杠铃杆来摸索一下训练的技巧。这样举重者不需要克服太多阻力就可以学习这种运动形式。自重训练的本质决定了新的练习的学习方法和之前的必然有一些小的区别。要做手枪深蹲或者单臂俯卧撑都需要克服很大的阻力，因而我们可以选择挑战难度低一些的练习，通过调整身体的位置来调整动作中的杠杆关系。

慢慢地，通过各种渐进式的练习你会越来越接近标准练习。只要你的身体能够持续适应这种训练，那么训练难度就可以无限度地加大。逼近极限的关键在于懂得根本不存在极限！

在自重训练中，你不可能像负重训练那样逐次在杠铃上加 5 千克或者更多的重量来增加阻力。在刚开始练习那些处于你能力极限的新运动的时候，可以给自己留些余地。不要被“能马马虎虎做几次动作就是掌握了这种运动”的错误想法误导。在能把一套新动作重复做几次后，要集中精力纠正动作，而不是去做难度更大的练习。

设计训练内容

设计训练内容是锻炼中被过度思考的问题之一。如果你不知道怎么开始锻炼，那么去翻翻有关锻炼的书十分必要，但实际上任何人都可以按照渐进式健美体操训练方案来开展锻炼。没有适用于每个人的魔术公式——你应按照自己的身体状况进行锻炼，锻炼中也要做好准备进行调整，然后就去探索和了解那些不同的运动吧！

如果你能够做一项书中所列的运动，那就不断练习，不断改进，直到这项运动对你来说没有挑战。然后再选一项难度更大的运动。如果你做不了这项运动，那就练习简单一点的运动来增强力量，几周（几个月）后再练习这个有难度的动作，这样就能够评估出你的进步。

本书最后附有常规训练计划，但我希望你们不按这个进行，而是自己试验。这个计划只是作为一个参考。在介绍训练计划之前，我还要说明一些注意的问题。

练多少次?

我经常被问到的问题是什么时候可以开展更高难度的练习。我的答案通常是：当你准备好的时候。但是大多数人对这个答案并不满意，他们需要一个训练次数的标准。

尽管有通用的训练次数表，但每个人的进步程度都是不同的。如果做一些练习觉得很困难也不要灰心丧气。我们都有优点和缺点，自重训练会让缺点暴露得很明显。

通常来讲，一项练习的训练强度越低，要想进步要做的次数就越多。所以我建议在练习膝盖着地俯卧撑前，推墙俯卧撑应做到每次 40 ~ 50 个；在做完全俯卧撑之前，膝盖着地俯卧撑应做到每次 30 ~ 40 个。从完全俯卧撑到窄距式俯卧撑，训练强度降到每次 20 ~ 30 个。等到做如单臂俯卧撑这样的高阶动作时，每次 5 ~ 10 个即可。接着你就可以做增强式俯卧撑，最终尝试练习完美俯卧撑（这是理想化的一种姿势，实际上不可能做到）。

当然，做一次单臂俯卧撑所需要的力量超过做一组推墙俯卧撑所需要的力量——所以说虽然次数少，但是单臂俯卧撑的总体训练作用要强。另外，随着力量的增加，你也可以纠正早先动作中的问题。在进行难度更大的训练之前，早期练习仍应作为热身练习在训练中保留，或者如果做有难度的练习累了的话，可以做早期的练习来放松。

通过几年的训练，任何人都可以从推墙俯卧撑和部分深蹲练到单臂俯卧撑和手枪深蹲。要达到这些目标，你只需要保持耐心，勤奋训练。

练习名称	**进行下一阶段训练之前本阶段大致的每组训练次数**
推墙俯卧撑	40~50
膝盖着地俯卧撑	30~40
完全俯卧撑	20~30
窄距式俯卧撑	15~20
自助式单臂俯卧撑	10~15
单臂俯卧撑	5~10
辅助式深蹲 / 部分深蹲	40~50
完全深蹲	30~40
窄距式深蹲	20~30
侧边深蹲	15~20
辅助式手枪深蹲	10~15
手枪深蹲	5~10

尽管上一页表格中从上到下罗列的训练项目是很棒的增强技能的渐进式训练方法，但是还有别的手段来增强技能，这就是为什么我在书中列举了很多不同的练习方式。按照你的训练需求选择合适的训练方法修正训练方案。身体的力量增长方式并不是线性的，我们不必采用相同的训练方法。

训练频率怎么设定？

这是关于训练方案的另一个大问题。通常来讲，每周训练 3 次是能够让你持续进步的最小训练量。年龄、遗传、生活方式对你的进步也都有影响。很大程度上训练频率要个人依自身情况而定。

没什么基础的初学者在训练的头 2~3 个月里，即使仅为每周 1~2 次的训练频率仍有收获。事实上，什么都不做和做一点之间是有天壤之别的。初期的训练可能会让你感到疼痛，所以不同训练阶段之间休息不同的时间也是可以的。一旦你适应了这种训练，那么每周应训练至少 3 次才能获得持续进步。随着能力的提高，你的身体能在更少休息的前提下进行更多的训练。当你处于良好的训练状态时，疼痛感就没有初期那么明显了。

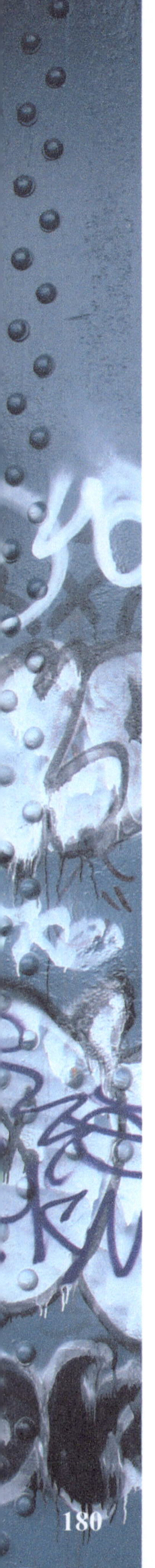

怎么样间隔训练？

自重训练中的分项训练曾风靡一时，但是为了强身，你不需要每天训练不同的肌肉。我建议初学者每次都做全身训练，每周 3~4 次为宜。隔天训练（或者初期隔两天训练一次）也不错，也不需要必须是周一、周三、周五训练。不要太拘泥于日历表。

经过长期训练且能应对大训练量之后，分解训练就可行了。简单的 2 天分解训练包括交替训练上肢和下肢。也可以尝试经典的 3 天训练俯卧撑、引体向上、腿部练习（在腿部练习日的最后，我喜欢练习倒立）。有的人喜欢训练频率更高些，3 天的分解训练可以占满一周，每个动作都可以增加次数和组数，而且不用增加训练时间。

每天都进行力量训练对一些人来说不容易，那么不妨在训练的间隔日选择其他力量训练的方案，比如跑步、游泳、跳绳。

有很多分解你训练的方法，单一的方法不可能对每个人都有效。事实上，同一个人也需要按照自己平时忙碌的情况来调整每周、每月的训练方法。

渐进式增加负荷训练法和收益递减定律

不论你是进行哪种形式的训练或者采用哪种训练方案，力量训练的流程都是一样的：训练你的肌肉，让它们休息，再重复这一过程。

人类的身体有一种适应压力的神奇本领。每次锻炼后，本质上你的肌肉受到了损伤，接着你休息，肌肉恢复，然后变得强壮。这就很好地说明了那句话："不能杀死你的都会让你变得更强。"

一旦肌肉恢复（这可能需要一天，也可能是一周，取决于你的身体条件和训练强度），你只有很短暂的时机可以在上一阶段的基础上提升。太快恢复训练，你可能没有恢复过来，无法从下一阶段的训练中获益；等太长时间再开始训练，你可能又退步到了原来的水平。这就是为什么很多人无法获得进步的原因，他们无法持续训练足够长的时间。

另外，一些人连续训练了好多年，但是突然有一天发现进步的速度开始下降。当然这个境界要练习好几年才能达到。不是没有进步，而是进步的速度变慢了，如果你不仔细观察甚至都无法发现自己的进步。这就是收益递减定律，一个可以解释生活中很多事情的概念。不论我们是锻炼身体、学习乐器或者在公司晋升，你努力的时间越长，要想进步就要付出越大的努力。

当我读书的时候，我发现只要付出很少的努力功课就能通过。一般来说，有着平均智商的人只要简单地保证出勤率和费一点功夫学习都能拿到高中文凭。但是要想拿到好成绩，那就需要下大功夫勤奋学习。

健身也不例外。如果你是从平均水平起步，那么以每周 3 次的锻炼频率，几个月后你就会超过平均水平。但是如果你在这个高于平均水平的阶段停留太久的话，要想进步就得大幅增加强度。

这就是为什么我们要增加训练天数。

这就是为什么我们要增加训练组数和次数。

这就是为什么我们要训练更难的运动。

这就是为什么我们要不断地逼近极限！

Fralinger's
ORIGINAL
SALT WATER TAFFY
UNITED STATES
POSTAL SERVICE
UNITED STATES
POSTAL SERVICE
UNITED STATES
POSTAL SERVICE
WEEKLY ENTERTAINME

附录 A
附加练习

自重训练的可能性是无限大的，明白这一点很重要。下面介绍一些非常值得练习的辅助训练方式，你可以对其进行自由调整。下面就让我们一起愉快地进行这些附加练习吧！

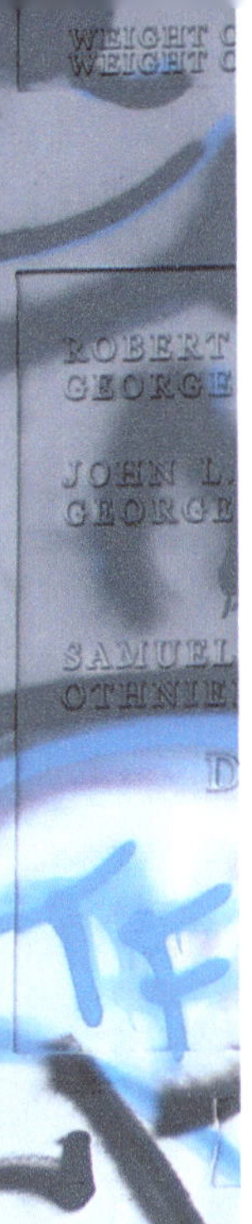

单腿硬拉

手枪深蹲要比常规的双腿深蹲难，其难度呈指数级增长。同样，单腿硬拉也要比你想象的更有挑战性。有的人会误以为这项练习很简单，其实单腿硬拉很需要力量、平衡和灵活性。单腿自重硬拉可以增强股后肌群、臀大肌和下背部的力量与稳定性。如果慢慢做这项运动，严格把控细节，那么做 10 个或 20 个单腿自重硬拉会非常难。

单腿硬拉的动作与喝水小鸟玩具不同。当你前倾上身时，向后抬起一条腿。这不仅会让你找到平衡，也能让下背部和悬空腿一样参与到运动中来。可用手触碰支撑腿的脚来防止臀部的抖动。注意在这个下落过程中不要弯曲脊柱，而是要拉伸股后肌群。

单腿硬拉的动作与喝水小鸟玩具不同。当你前倾上身时，向后抬起一条腿。

仰卧收膝

仰卧式收膝练习是初学者进行仰卧抬腿、直角支撑甚至是手枪深蹲的入门练习动作。

仰卧在地面上，两手分别置于体侧，双脚抬起几厘米高。如果需要，将手放在下背部下面获得支撑，但要尽全力避免身体弓起。在将膝盖抬起靠近胸部的过程中，尽量使脚跟贴近地面。做到最高位置时下背部可以略微上抬。控制住姿态，伸展腿部回到初始位置。使下背部发力贴近地面，让腹肌参与到控制动作中来。

在将膝盖抬起靠近胸部的过程中，尽量使脚跟贴近地面。

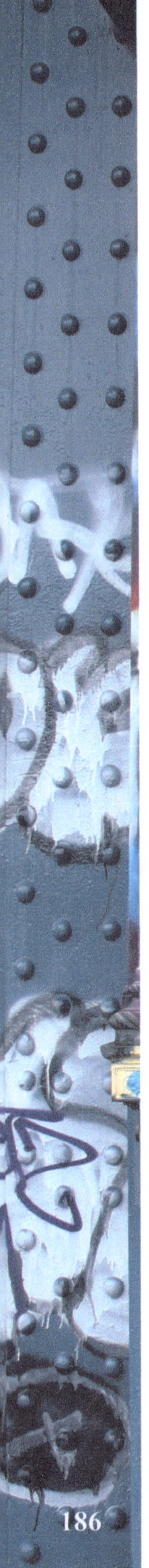

仰卧举腿

仰卧收膝做起来比较容易的时候，就开始练习仰卧举腿。初始姿势同仰卧收膝一样，但接下来不是弯曲膝盖贴近胸部，而是将双腿笔直抬起直到两脚位于臀部前上方。在动作的最高位置时，你的臀部也许会脱离地面，这是可以的。控制住姿态，接着下背部放低，然后重复做这些动作。在动作的最低点，不要让背部弓起。

头倒立举腿

一旦熟练掌握了头倒立和仰卧举腿动作，就可以试着将两者结合起来作为一个新的挑战。头倒立举腿从头倒立动作开始，慢慢放低双腿远离躯干，然后再将双腿举高回原位。当你放下腿时，臀部要向后略微倾斜一下以防止翻倒。

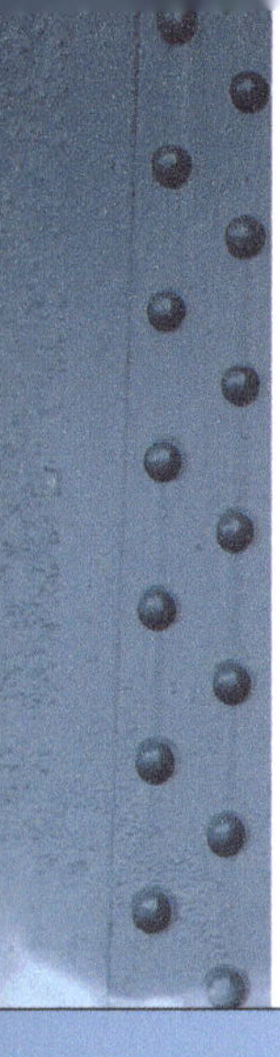

体侧平板支撑

这个动作对瑜伽练习者来说非常熟悉。做体侧平板支撑时身体是斜着的，而不是标准平板支撑身体向前的姿势。和传统的版本一样，你可以以手掌或肘部以及一条腿或两条腿支撑来做体侧平板支撑。相比标准平板支撑，做体侧平板支撑因为只用一只手来支撑体重，所以肩膀和胳膊承受的重量要更多。

做体侧平板支撑时身体是斜着的，而不是标准平板支撑身体向前的姿势。

侧乌鸦式

侧乌鸦式是另一种常见的瑜伽姿势，很像蛙式倒立，但是两条腿是用一只胳膊支撑。将双手放于地面，臀部向一侧转动 90 度，双腿叠起。将两腿放到一只胳膊的肱三头肌上，然后慢慢抬起脚。和所有的静力动作一样，尽全力让身体左右两侧都进行练习。

侧乌鸦式是另一种常见的瑜伽姿势，很像蛙式倒立，但是两条腿是用一只胳膊支撑。

直角支撑（L 支撑）

要做直角支撑，你需要强大的核心力量、强壮的胳膊和灵活性比平均水平高的股后肌群。这项练习的标准动作是坐在地上，腿部笔直置于身体前方，躯干和双腿构成字母 L，同时以手撑地，使身体离开地面。这是以字母命名的练习之一。

如果你当下做不了这个动作，那就从弯曲膝盖开始练起，做成 L 形，接着你可以逐渐伸展双腿。保持胳膊紧贴身体、肘部不动，肱三头肌弯曲。肩膀下压使身体和地面之间的距离越大越好。

也可以让手臂撑在两个高一点的地方，这样有更大的空间让双腿慢慢抬高平行于地面。

肘水平支撑

肘水平支撑是指以单肘或双肘撑起身体，同时伸出一只手或双手来获得平衡，并且使身体悬空的一种练习。尽管和水平支撑看起来有些像，但是肘水平支撑要容易得多，因为你的躯干位于胳膊的后侧。

保持腹肌收缩，撑起身体时绷紧下背部。保持上身前倾也很重要，这样可以平衡下半身的重量。

如果你正在苦练肘水平支撑，我建议你在长凳、台阶或者其他平的高于平面的物体上练习。相比手撑在平地上的狭小空间，上述方法可以为你的腿摆好位置提供更大的空间。

要适应肘部顶着腹部的不适感需要一段时间，初学者会觉得这样做很别扭，好在经过练习你就会适应了。

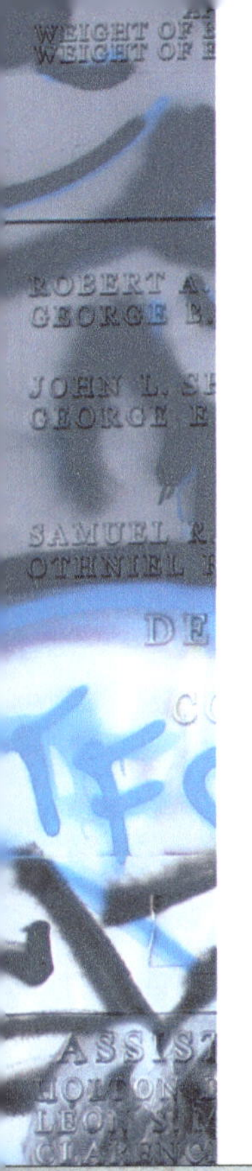

单臂肘水平支撑

尽管技艺高超的人们做单臂肘水平支撑毫不费力，但是单臂肘水平支撑是非常有挑战性的一项运动。如果你想要练成它，就要耐心训练。

在完全伸展身体之前，把双脚抬离地面寻找平衡的感觉。尽管在单臂肘水平支撑这项运动中力量是一个重要元素，但是它比其他运动更需要平衡能力。开始时将非支撑的手伸向身体一侧，然后用这只手的一根或几根手指辅助支撑。

两腿分开身体呈三角形的姿势可以在运动中更好地保持平衡。经过练习，做这项运动时你的身体可以形成一条直线。

尽管在单臂肘水平支撑这项运动中力量是一个重要元素，但是比起其他运动更需要平衡能力。

团身式水平支撑

另一种难度低些的体操水平支撑是团身式水平支撑，它很像蛙式倒立，只是你的肘部是直的，两腿位于两臂之间，而不是在两臂上方。这个微小的变化使得这项练习更有挑战性。

以深蹲姿势开始，然后下压双手，慢慢踮起双脚，收紧双腿并向胸部抬起。手腕尽可能地弯曲，使身体的重量位于两手正中的上方。肩部展开，尽可能地增大身体和地面之间的空间。一开始做这个动作时很容易失败。应坚持练习，逐渐增加保持这个动作的时间。

肩部展开，尽可能地增大身体和地面之间的空间。

龙旗

龙旗是指仰卧在长凳或者地面上，双手抓住身后的固定物体来获得支撑。接下来的目标是笔直地将身体抬起至和肩膀垂直的位置，接着慢慢放下身体到与地面平行的位置。然后重复这一套动作。重点是用你的腹肌、下背部和臀大肌来控制动作。手在运动中起支撑作用，不要太过用力抓长凳，以免磕伤脖子。

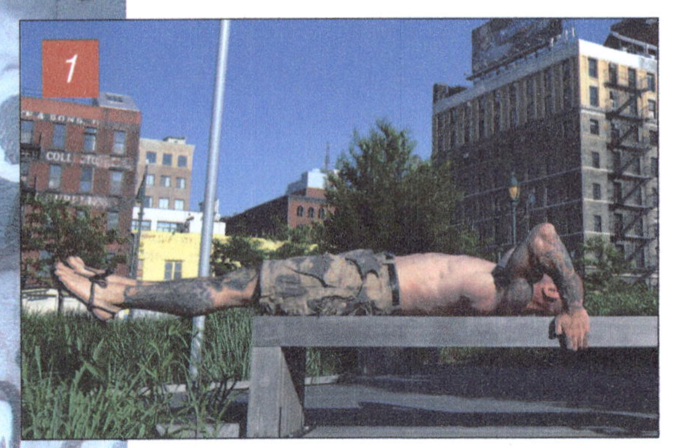

竭尽全力不要使臀部弯曲，以此来保持从肩膀到脚趾笔直成线。腹肌用来提供这种极度的稳定性。事实上，你整个躯干的肌肉组织都要用来保持姿势不变形。龙旗这个动作强调腹肌的作用，但和本书中的其他练习一样，这是个全身运动。

竭尽全力不要使臀部弯曲，以此来保持从肩膀到脚趾笔直成线。

你整个躯干的肌肉组织都要用来保持姿势不变形。

作为额外的挑战，你可以用垂直的杆子来练习龙旗。

鲤鱼打挺

鲤鱼打挺是一项自重训练运动，指的是仰卧在地上，然后爆发起跳成站立姿势。鲤鱼打挺在健美体操、武术和跑酷中都有涉及。它能充分锻炼腿部力量、臀部驱动力和全身的协调能力。如果你在其他训练中摔倒了，那么通过鲤鱼打挺恢复站立姿势是个挽回面子的最好手段。

但是，当你练习鲤鱼打挺的时候，你看起来会非常傻。所以如果你羞于在公众场合展现蹩脚的动作的话，试着在家练习。我同样建议在柔软的地面上进行练习。

由于鲤鱼打挺算是高阶的运动技巧，如果你不是既瘦又结实（且关节一切正常），那么我不建议你练习它。我建议先练习后倒成桥，使你的脊柱做好准备。

要做鲤鱼打挺，首先仰卧在地面上，两手手掌着地置于头部两侧，大腿向肩膀卷起，做好臀部猛然发力的准备。

要想做鲤鱼打挺时能够成功落地，你需要尽全力向上踢腿，两手随即猛推地面。

腿部迅速像画圆一样蹬起，这样就可以脚尖着地站立。要尽力使两脚位于身体重心的下方，这样就不会向后倒。时间控制对于正确落地至关重要，需要不断尝试才能掌握。和之前的其他动作一样，要耐心地不断练习。我目前仍然在为了增强爆发力而不断练习鲤鱼打挺，健身是一个不断进步的过程。

虎扑式手倒立俯卧撑

虎扑式手倒立俯卧撑是铰链式俯卧撑的一种。毋庸置疑，这是一种高阶练习。如果你熟练掌握了常规的手倒立俯卧撑，可以拿它来练体型。

虎扑式手倒立俯卧撑的初始动作是手倒立姿势。接着慢慢以前臂支撑下降身体，将重量转移至手掌，然后手掌发力撑起身体。和练习标准的手倒立俯卧撑一样，在试着无依靠练习虎扑式手倒立俯卧撑前，先靠墙练习。

相比笔直的前臂手倒立，虎扑式手倒立动作的最低位置和蝎子式倒立很像。如果你不弯一点儿背，不把腿悬在身体前方，你可能会在以手掌撑地恢复最高位的时候失去平衡而摔倒。身体要离墙壁远些，这样才能在身体位置最低时让腿向前悬在空中。最终你就能做无依靠的虎扑式手倒立俯卧撑。

作为本书中最难的练习，要想掌握它就得付出很多很多的努力。我建议在尝试本动作前，应至少能连续做4~5个无依靠手倒立俯卧撑。

手枪蹲加手撑地

手枪蹲加手撑地结合了我最喜欢的两项运动。初始动作是单腿下蹲，很像手枪深蹲。当身体蹲到最低位置时，用深蹲腿对侧的手掌撑住地面，然后把脸下降到手的正上方。停顿半秒钟，再用手发力撑回深蹲最低的位置，站立。然后重复这一系列动作。

这个动作的俯卧撑部分要比标准的单臂俯卧撑容易一些，因此它也可以作为有用的渐进式训练技巧供快要做成单臂俯卧撑的人练习。

Domino
SUGAR

附录 B
常规训练计划

尽管我说了很多关于要按照身体状况和直觉来设计训练内容的话，但我也知道提出一些指导方针对读者还是有帮助的。

你可以用下列计划来指导自己的训练，也可以按你觉得合适的方式进行修改。要努力练习，要对自己诚实负责。记住：这些计划只供参考，它们并不详尽。

做完一组后，只要有必要就休息。如果你能够用 30 秒甚至更少时间完成动作，进入训练的下一阶段。

当你通过新训练的第一级后，把之前每个级别的动作作为热身运动都做一遍。

如果你做不到样例中提到的次数，那就在动作不变形的情况下能做多少做多少。

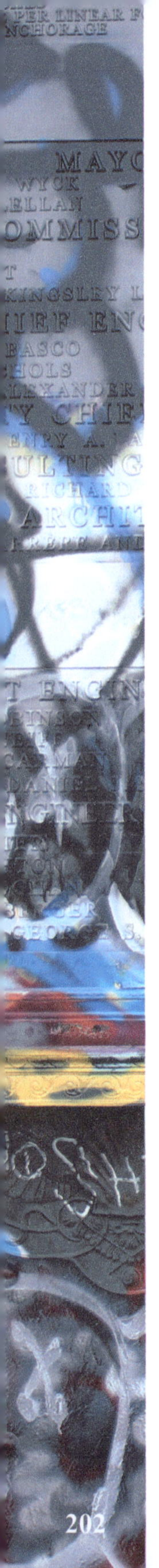

新手

推墙俯卧撑或膝盖着地俯卧撑	2 组，每组 30 次
长凳深蹲或部分深蹲	2 组，每组 30 次
仰卧收膝	3 组，每组 10 次
初学者后倒成桥	3 次，每次保持 30 秒
三脚架倒立	3 次，每次保持 30 秒
蛙式倒立	3 次，每次保持 30 秒

初学者

俯卧撑	3 组，每组 20 次
完全深蹲	3 组，每组 20 次
劈叉式深蹲或箭步深蹲	3 组，每条腿 10 次
仰卧举腿	3 组，每条腿 10 次
直桥	3 次，每次保持 30 秒
头倒立	3 次，每次保持 30 秒

中级水平

窄距式俯卧撑	3 组，每组 20 次
高低手俯卧撑	2 组，每组左右侧各 10 次
辅助式手枪深蹲	3 组，每条腿 10 次
侧边深蹲	3 组，每条腿 10 次
完全后倒成桥或颈部后倒成桥	3 次，每次保持 30 秒
肘部水平支撑	3 次，每次保持 30 秒
手倒立	3 次，每次保持 30 秒

高级水平

- 单臂俯卧撑　5 组，每组左右臂各 5 次
- 增强式俯卧撑　5 组，每组 5 次
- 手枪深蹲　5 组，每组每条腿 5 次
- 虾式深蹲　5 组，每组每条腿 5 次
- 头倒立式抬腿　3 组，每组 10 次
- 爬墙　3 组，每组 5 次
- 单腿成桥　3 次，每条腿保持 10 秒
- 无依靠式手倒立　3 次，每次保持 30 秒

专家级

- 单臂击胸式俯卧撑　3 组，每组左右侧各 3 次
- 单臂单腿俯卧撑　3 组，每组左右侧各 5 次
- 单臂单腿成桥　3 次，每次左右侧各保持 20 秒
- 手枪深蹲（手放在背后）　5 组，每组左右侧各 5 次
- 大虾式深蹲　5 组，每组 5 次
- 龙旗　5 组，每组 5 次
- 团身水平支撑　3 次，每次保持 30 秒

2 天无器械分解训练方案

第 1 天：深蹲和后倒成桥

第 2 天：各种俯卧撑和除成桥形式外的各种倒立

每次训练之后休息 1~2 天，期间进行积极的恢复训练（游泳、慢跑、武术、其他技巧训练等）。

---

3 天无器械分解训练方案

第 1 天：深蹲

第 2 天：俯卧撑

第 3 天：后倒成桥和倒立

休息日进行积极恢复训练。

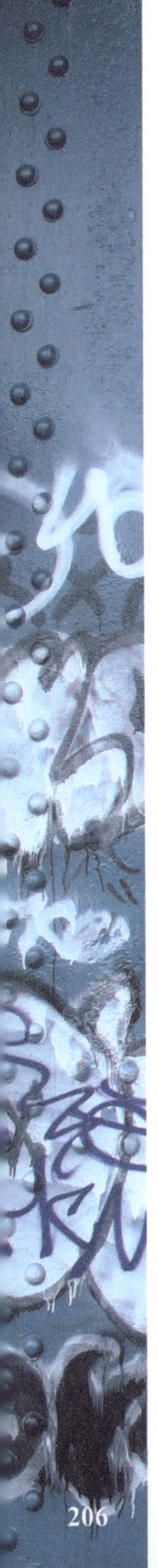

评价你的力量

这些指标是基于每组练习中能够连续做多少次而制定的。你可以在两次动作之间的最高位置深呼吸，但是脚或手在整组动作中不能移动。

男性

	俯卧撑	深蹲	单臂俯卧撑	手枪深蹲
新手	<20	<20	<1	<1
初学者	20~39	20~50	1~3	1~3
中级水平	40~64	51~100	4~10	4~10
高级水平	65~99	101~199	11~19	11~19
专家	⩾ 100	⩾ 200	⩾ 20	⩾ 20

女性

	俯卧撑	深蹲	单臂俯卧撑	手枪深蹲
新手	<1	<20	<1	<1
初学者	1~10	20~50	<1	1~3
中级水平	11~20	51~100	1~3	4~10
高级水平	21~30	101~199	4~9	11~19
专家	⩾ 31	⩾ 200	⩾ 10	⩾ 20

VAN WYCK
COMM
BEST
CHIEF
PROBASCO
NICHOLS

作者简介

阿尔·卡尔瓦多是纽约最有激情也最成功的私人教练之一,是健身界的常青树。阿尔的学员来自各行各业，包括运动员、模特，甚至一名奥运会奖牌获得者。阿尔因其自重力量训练的技艺被业界认可。他的博客(www.AlKavadlo.com)是网上关于自重力量训练和健美体操信息的最受欢迎的博客之一。除了健身，阿尔的兴趣还包括：摇滚、文身和蓄须。

图书在版编目（C I P）数据

徒手极限健身 ：无器械力量训练100式 / （美）阿尔·卡尔瓦多（Al Kavadlo）著 ；康国帅译. -- 北京 ：人民邮电出版社，2016.9（2024.3重印）
ISBN 978-7-115-42483-9

Ⅰ. ①徒… Ⅱ. ①阿… ②康… Ⅲ. ①健身运动一基本知识 Ⅳ. ①G883

中国版本图书馆CIP数据核字(2016)第178905号

◆ 著　　　[美] 阿尔·卡尔瓦多（Al Kavadlo）
译　　　康国帅
责任编辑　王朝辉
执行编辑　杜海岳
责任印制　杨林杰

◆ 人民邮电出版社出版发行　　北京市丰台区成寿寺路 11 号
邮编　100164　　电子邮件　315@ptpress.com.cn
网址　http://www.ptpress.com.cn
廊坊市印艺阁数字科技有限公司印刷

◆ 开本：700×1000　1/16
印张：13.75　　　　2016 年 9 月第 1 版
字数：224 千字　　　2024 年 3 月河北第 25 次印刷

著作权合同登记号　图字：01-2015-2963 号

定价：59.00 元

读者服务热线：(010) 81055410　印装质量热线：(010) 81055316
反盗版热线：(010) 81055315
广告经营许可证：京东市监广登字20170147号